LIVERPOOL - THE 25 YEAR RECORD

SEASON BY SEASON WRITE-UPS
David Powter

EDITOR
Michael Robinson

CONTENTS

Season-by-Season Write-Ups 1970-1995 2-11
Season-by-season Line-Ups & Results 1970-1994 12-61
Cup Competition Results 1969-1994 62-67
Final League Tables 68-72

British Library Cataloguing in Publication Data
A catalogue record for this book is available from the British Library
ISBN 0-947808-51-5

Copyright © 1995; SOCCER BOOK PUBLISHING LTD. (01472-696226)
72, St. Peters' Avenue, Cleethorpes, Sth. Humberside, DN35 8HU, England

All rights are reserved. No part of this publication may be reproduced, stored into a retrieval system or transmitted, in any form or by any means, electronic, mechanical, photocopying, recording, or otherwise, without the prior written permission of Soccer Book Publishing Ltd.

Printed by Redwood Books, Kennet House, Kennet Way, Trowbridge, Wilts.

LIVERPOOL F.C.
Seasons 1970-71 to 1994-95

Liverpool ended 1994-95 on a high after securing their first trophy, the Coca-Cola Cup, for three years. Twenty five seasons ago, Liverpool were just starting to enjoy the most successful period in their history.

Although they finished in the top 5 in each of the previous 4 seasons, Liverpool entered 1970-71 looking for their first silverware since taking the 1965-66 League title. Bill Shankly had turned a second-flight side into one of the most respected in the country.

Liverpool made an unbeaten 8 game start to 1970-71, but their results were more impressive than their performances. In particular, they lacked fire-power and so Shankly paid a club record of £110,000 for John Toshack. The ex-Cardiff striker made some impact, but goals were still at a premium and a 5 match unbeaten run was required to secure 5th place for the second time in 12 months. Alun Evans was the top scorer with 10 out of a paltry total of 42.

The club were involved in two good cup runs in 1970-71, but both ended in disappointment. Bayern Munich were one of 4 sides beaten on the way to a European Fairs Cup semi-final with Leeds. Having lost at Anfield by a single goal, Liverpool fought bravely in the Elland Road return; but the game finished goalless and it was Leeds who went on to win the trophy a month later.

Shankly's side suffered more heartache 10 days after their European exit when they lost to Arsenal in the FA Cup final. Steve Heighway gave the Reds the lead in the first minute of extra-time, but the Double-winning Gunners fired two in reply.

Qualification for the 1971-72 European Cup Winners' Cup brought another meeting with Bayern Munich. The Germans exacted their revenge, 3-1 on aggregate. Shankly had strengthened his squad during the summer of 1971 with the acquisition of Kevin Keegan. The former Scunthorpe striker made a scoring debut in the Anfield defeat of Nottingham Forest; but his new side had an uneven season. They lost their way after a good start; but then won 13 out of 14 games between the end of January and the end of April.

Liverpool had the destiny of the title in their own hands when they visited Derby, one of 3 other challengers on 1st May. However, a single goal defeat meant that the Rams leap-frogged above them to the top of the table. Unlike Derby, Liverpool and Leeds both still had one more rearranged game to fulfil.

With Leeds losing at Wolverhampton, 'Pool would have taken the title if they had won at Highbury on the same night. However, for the second successive season, 8th May proved to be the day the Gunners shattered Liverpool's hopes of taking silverware. The match ended goalless, 'Pool had finished third and Derby were handed the title.

Arsenal took three (out of 4) points from Liverpool in 1972-73, but it was the Merseysiders who were celebrating at the end of April. 'Pool headed the table after winning 6 of the first 10 fixtures and then led until Arsenal leap-frogged them by winning at Anfield in February. However, Liverpool only lost 2 of their last 13 games and finished as Champions, 3 points ahead of the Gunners.

Keegan and Toshack, who had developed a fine partnership, were the joint top-scorers with 13 each. They were complemented in the squad mainly by Ray Clemence, Chris Lawler, Alec Lindsay, Tommy Smith, Larry Lloyd, Emlyn Hughes, Ian Callaghan, Peter Cormack, Phil Boersma, Brian Hall, Phil Thompson and Heighway.

Liverpool's League Cup run, which was ended in the quarter-final by Spurs, was their best to date in the competition. Moreover, and more significantly, 1972-73 was the season that Liverpool won their first European trophy. AEK Athens and 3 German sides were despatched on the way to a two-legged UEFA Cup final with another German club, Borussia Moenchengladbach. Two goals by Keegan and a Lloyd header gave the Reds a 3-0 advantage at home as both sides missed a penalty apiece. Although they lost the return 2-0, the aggregate win meant Liverpool became the first English club to win the League and a major European trophy in the same season.

All hopes of a European Cup follow-up in 1973-74 were crushed in the second round by Red Star Belgrade. In the League, Liverpool got off to a mixed start, losing 4 of the first twelve. However, they refused to relinquish their crown without a fight and won 16 of their next 22 games. The destiny of the title was back in their hands; but they won just one of their last 8 and had to be satisfied with second, 5 points behind Leeds. However, Liverpool quickly bounced back by beating Newcastle in the FA Cup final. Keegan netted twice and Heighway once as the Magpies were defeated 3-0.

Anfield was rocked a few months later when Bill Shankly announced his retirement at the age of 61. A truly great manager, he transformed Liverpool from a Second Division side to one which won 3 League titles, 2 FA Cups and the UEFA Cup. In addition, Shanks was the 1973-74 'Manager of the Year'. His number two Bob Paisley was immediately appointed as his successor.

Despite making an excellent start with 5 wins out of six, the Reds found it difficult to hit their best form in 1974-75. They still came close to winning the title in a tight finish which contained a host of clubs. Only 8 points separated the top ten, with Liverpool in second place 2 points behind Derby.

In the European Cup Winners' Cup, Pool used up all their energy beating Stromgodset 11-0 at Anfield; but then tumbled out to Ferencvarous in the second round. One trophy which went to Anfield in 1974-75 was the 'Player of the Year' award which was won by Ian Callaghan.

The following season Liverpool emulated their success 3 years earlier, by winning both the League title and the UEFA Cup. After a mixed start, the Reds joined QPR in a head-to-head battle at the top of the League. Both sides finished the campaign in fine form: Rangers dropped just 3 out of a possible 30 points and 'Pool won 9 of the last 10 games. QPR completed their fixtures one point ahead, but a 3-1 win from a rearranged game at Wolves sent the 1975-76 title to Anfield by a single point.

Phil Neal, Ray Kennedy, Jimmy Case and David Fairclough were all major additions to the previous title winning side. Shankly's last signing Kennedy had previously won a Championship medal as a striker with Arsenal; but Paisley converted him into a midfielder good enough to represent his country.

Liverpool spiked several big guns on the way to the UEFA Cup final. Hibs, Real Sociedad, Dynamo Dresden and Barcelona all fell by the wayside, and so did FC Bruges in a two-legged final. But only just! The Belgians took an early two goal lead at Anfield, before Ray Kennedy, Case and Keegan made it 3-2. Keegan - the 'Footballer of the Year' - got another to make it 1-1 in the return and his side squeezed home.

In 1976-77, Paisley's side won two more trophies, were losing FA Cup finalists, and had their ever present centre-back Emlyn Hughes, named 'Footballer of the Year'. They led the table for most of the season, but only retained their crown on the last Saturday with one rearranged fixture to spare. They had become the first club to retain the title since Wolves in 1959. The final margin over Manchester City was just one point. Joey Jones, Terry McDermott and David Johnson all picked up their first Championship medals.

The FA Cup final was one of the best for many years. All three goals came in a 5 minute spell in the second half. Case hit an equaliser, but it was Manchester United who lifted the Cup. However, 4 days later, Liverpool lifted an even greater prize themselves when they beat Borussia Mönchengladbach in the European Cup final in Rome. McDermott opened the scoring, but the Germans drew level and only a magnificent Clemence save prevented them taking the lead. However, a rare Smith header and a Keegan penalty sent Liverpool into ecstasy.

Those same fans were much less happy a few days later when Keegan moved to Hamburg SV for a British record of £500,000. A few days earlier another less publicized deal was clinched when 21 year-old Alan Hansen moved to Anfield from Partick Thistle, for what turned out to be a bargain £100,000. Less than 3 months later Paisley returned to Scotland to pull off an even better bit of business by signing Celtic's Kenny Dalglish for £440,000.

1977-78 was Ian Callaghan's last at Anfield after making a club record 640 League appearances (49 goals). The season ended on a glorious note with the retention of the European Cup, but in the League, two separate but disastrous 5 game spells handed the initiative to Nottingham Forest. The Reds eventually finished second, 7 points adrift. Liverpool also came second to Forest in the League Cup final, a single goal turning an Old Trafford replay the Midlanders' way.

The first game at Wembley had ended scoreless; but Liverpool did score once there in 1977-78, when Dalglish netted the only goal in the European Cup final with FC Bruges. The Reds were not at their best, but even so were easily the masters on the night and only good goalkeeping kept the score down.

Liverpool's grip on the European Cup was relinquished early in the 1978-79 campaign when they were paired with Forest in the first round. Brian Clough's side won the first leg 2-0 and then 'Pool were held 0-0 at Anfield. There was also cup disappointment later in the season, when Liverpool lost an FA Cup semi-final replay 1-0 to Manchester United at Goodison Park.

However, it was far from all doom and gloom as Liverpool romped to their 11th League crown, 8 points clear of Forest. 'Pool lost just 3 times and clinched the title with an unbeaten run of 21 games; Dalglish, Hansen, Alan Kennedy and Graeme Souness all celebrated their first Championship medals. Dalglish was named 'Player of the Year'.

1979-80 proved to be an extremely busy campaign, and it would have been longer, but for another first round European Cup exit, this time at the hands of Dynamo Tbilisi. However, the Reds did have long runs in both domestic cups, before exiting both at the semi-final stage. Forest knocked them out of the League Cup and then Arsenal squeezed them out of the FA Cup at Highfield Road, in a third replay.

Although Manchester United pushed them all the way, Liverpool held on to their League title by 2 points. David Johnson was the 1979-80 top-scorer with 21, while Terry McDermott was the 'Player of the Year'.

Liverpool won their first League Cup in 1980-81 when they beat West Ham in a replay at Villa Park. The first game at Wembley ended 1-1 with Alan Kennedy netting, while Dalglish and Hansen scored in the replay as their side came from behind to win 2-1.

After a good start, Paisley's side lost their way in the League and blew their chances by scoring just 13 goals in 17 games, only 4 of which were won. Their finishing position of 5th was their worst League performance for 10 seasons. However, 1980-81 still ended on a celebratory note as the Reds went to Paris and clinched their third European Cup, another Alan Kennedy goal being enough to defeat Real Madrid.

Liverpool enjoyed more success in 1981-82 with another haul of two trophies. However, there was to be no European Cup success as CSKA Sofia got the better of them in the quarter-final.

There was success in the League Cup with Ronnie Whelan (twice) and Ian Rush netting in a 3-1 victory over Spurs in the final. In the meantime Liverpool climbed to the top of the table after Ipswich, Manchester United and Southampton had done much of the pace-setting. 'Pool finished with an unbeaten 16 game run, which included 11 straight wins, to take the title by 4 points from Ipswich. Souness had captained the side brilliantly and Rush's arrival from Chester made a significant difference. Rush ended up the top-scorer with 17; and he, Whelan, Bruce Grobbelaar, Mark Lawrenson, Craig Johnston and Sammy Lee had all become important members of the squad.

The 1982-83 season was to be Bob Paisley's last before he stepped up to the boardroom. His managerial career ended in style with 2 more trophies. In addition, he took the 'Manager of the Year' for a record 6th time and his greatest signing, Kenny Dalglish, was the 'Player of the Year' for the second time.

The League Cup (now the Milk Cup) was retained with a 2-1 victory over Manchester United in extra-time with Whelan and Alan Kennedy getting the goals. Liverpool again reached the quarter-final stage of the European Cup, but this time found Widzew Lodz too good for them.

In the League, the Reds picked up just one point from their last 6 games, but incredibly romped to another title, 11 points clear of Watford, as David Hodgson won his only Championship medal.

Paisley's assistant Joe Fagan took over at the start of the 1983-84. Remarkably, rather than it being business as usual, things actually got better. Everton held them to a goalless Milk Cup final; but Souness netted the only goal to retain the trophy in a Maine Road replay. Meanwhile, after a mixed start, Liverpool went to the top of the League in early November and, apart from a short spell in March, stayed there to the end of the season to join only Huddersfield and Arsenal in winning three titles on the trot. The gap over the strong finishing Southampton was 3 points. Steve Nicol and Michael Robinson had become key members of the squad and John Wark joined late in the season from Ipswich. Rush netted 32 times to finish as the First Division's top-scorer and collect the 'Player of the Year' award.

Liverpool won their fourth European Cup in 1983-84, beating Roma in their Roman back-yard. Neal scored as the teams shared two goals; they could not be separated even after extra-time. So, for the first time ever, this competition was settled by a penalty shoot-out. Fagan's side kept their nerve and won 4-2.

Not surprisingly, Joe Fagan was named 'Manager of the Year'. He had become the first man to lead a side to the League Championship in his first season at the helm. Things could hardly have been better, except for their FA Cup exit at Brighton.

Kenny Dalglish in action against Everton in the 1984 Charity Shield.

It was not quite the same in 1984-85, as Everton took the title with the Reds trailing home 13 points behind as runners-up. In fact things looked a lot bleaker for much of the season. Missing Graeme Souness, who had transferred to Sampdoria, they were 18th near the end of October and 10th on Boxing Day. A fine late burst took them through the pack, but Everton were out of sight.

Meanwhile Liverpool reached their fifth European Cup final; but the night of 29th May 1985 will forever be remembered as one of tragedy, with 38 spectators dying in a stampede before the game inside Brussels' Heysel Stadium. A penalty gave Juventus the trophy and ensured that Liverpool lost in the final of this competition for the first time. A distraught Fagan announced his retirement after the match.

Kenny Dalglish took over as player-manager and captured the much prized 'Double' in his first term. It might have been a clean sweep, but QPR got the

Alan Hansen receives the F.A. Cup from the Duchess of Kent, after the 3-1 victory over Everton in the 1985/86 Cup Final.

better of them in the Milk Cup semi-final.

The 1985-86 League race was a three horse affair between Liverpool, Everton and West Ham. The Reds triumphed on the final Saturday with Dalglish scoring in a 1-0 win at Chelsea. Everton finished second, 2 points adrift. Everton also had to bow to their great rivals in the FA Cup final as 'Pool came from behind to win 3-1 with two goals by Rush and another from Johnston.

Jan Molby, Jim Beglin, Paul Walsh, Steve McMahon, Gary Gillespie and Kevin MacDonald had all become integral members of the squad in 1985-86. Rush was the top-scorer with 23 and Dalglish was the first player-manager to receive the 'Manager of the Year' award.

Liverpool had to be satisfied with second place in 1986-87 as Everton took the League title by 9 points. Dalglish's side also came second at Wembley in the Littlewoods Cup final when Arsenal defeated them 2-1 after Rush had opened the scoring. Prior to this game, Liverpool had never lost a match in which Rush had scored.

With Peter Beardsley, John Aldridge, John Barnes, Ray Houghton, Barry Venison and Gary Ablett added to the squad, Liverpool bounced back to take the 1987-88 title. They led for most of the season and finished 9 points clear with a club record 90 points. Rush had departed to Juventus for £2.75 million, but Aldridge was the First Division's top-scorer with 26.

However, one goal Aldridge missed was an FA Cup final penalty. Beasant's save and Wimbledon's second half winner denied Dalglish's side another Double. However, the Liverpool player-manager did collect another 'Manager of the Year' award.

Liverpool returned for another FA Cup final a year later, beating Everton 3-2 after extra-time. Aldridge and the returning Rush (2) were on the score-sheet. The Reds' road to the final was paved with great tragedy as their Hillsborough semi-final with Nottingham Forest was abandoned following the worst disaster in British sporting history (with 96 spectators killed and over two hundred injured). Liverpool won the hollow 'replay' 3-1 at Old Trafford.

Having won the FA Cup, Liverpool still had the League to concentrate on. The title was to be decided in the last game at Anfield on Friday 26th May - for the first time in history - live on TV. It was the ultimate clash of the top two with Arsenal, 3 points behind, needing to secure a two goal win, to leap-frog the Reds on the number of goals scored. Liverpool looked safe as they had not lost in 24 League games, while the Gunners (who had led for most of the term) had lost their previous 7 visits to Anfield.

A 53rd minute Alan Smith goal set up a memorable finish and, deep in injury-time, Michael Thomas shocked the Kop to pull off a remarkable 2-0 victory. The 1988-89 title had been ripped from Liverpool's grasp with virtually the last kick of the season.

However, the Reds bounced back to regain the title in 1989-90 for a record 18th time. A 9-0 thrashing of Crystal Palace announced their intentions, and a run of 23 games in which they lost just once secured them the crown by a margin of 9 points. Barnes was top scorer with 22; while David Burrows, Glenn Hysen, Steve Staunton and Gary Ablett picked up their first Championship medals. Dalglish brought himself on for one end-of-season substitute appearance to end his Liverpool playing career after 355 League games (118 goals).

Another fine FA Cup run ended when Palace inflicted revenge for their early season mauling, winning an amazing semi-final 4-3 after extra-time at Villa Park.

The 1990-91 season started with 12 wins in 13 League games. 'Pool stayed unbeaten until December, but that first 3-0 defeat at Highbury proved significant as it gave the Gunners a psychological edge in what turned out to be a two horse race. Certainly Kenny Dalglish was feeling the strain and he resigned after a pulsating 4-4 draw with Everton in the FA Cup. Ronnie Moran took over on a caretaker basis and the Reds immediately lost at Luton and then, more significantly, to Arsenal in front of the Kop. Liverpool still had a chance of the title when Graeme Souness moved from Ibrox to become manager; but they lost 5 of their last 9 games and had to be satisfied with second place, 7 points behind the Gunners.

A lack of goal power handicapped 'Pool in 1991-92, with just 12 goals being recorded in the final 15 games. Dean Saunders finished top scorer with 10 out of 47, as Liverpool fell to 6th.

However, there was some comfort in the form of a fifth FA Cup triumph. Goals by Michael Thomas (having moved from Highbury) and Rush were enough to beat second-flight Sunderland 2-0.

That success gave the Reds a chance of another tilt at the European Cup Winners' Cup; but they crashed out in the second round to Spartak Moscow, 6-2 on aggregate. Liverpool fared no better in the FA Cup, exiting to Bolton in a fourth round replay at Anfield. League success was also thin on the ground and with 12 games to go they were struggling in 15th. However, a late spurt of form lifted them to a flattering 1992-93 finish of 6th.

The Reds were unconvincing in the early part of 1993-94, before a 9 game unbeaten run pulled them up to 5th towards the end of January. However, another embarrassing FA Cup defeat, at home in a third round replay with Bristol City, hastened Souness's departure. The club reverted to the policy of promoting from the boot-room and appointed Roy Evans as manager. Three defeats in the last 4 games condemned Liverpool to 8th, the club's worst finish since 1962-63.

However, Roy Evans' first full season at the helm was a successful one. His side finished a creditable 4th, reached the FA quarter-final (where they lost to Spurs) and won the Coca-Cola Cup. Robbie Fowler was the 1994-95 top scorer with 25 League goals, but it was Steve McManaman who netted the two goals which gave Liverpool their fifth League Cup - in a 2-1 victory over Bolton - and a UEFA Cup place.

**Three Liverpool Managers in one picture!
Ronnie Moran, Kenny Dalglish and the current Manager, Roy Evans**

1970-71

1	Aug	15	(a)	Burnley	W	2-1	Evans A, Hughes	26,702
2		17	(a)	Blackpool	D	0-0		28,818
3		22	(h)	Huddersfield T	W	4-0	McLaughlin 2, Evans A. 2	52,628
4		25	(h)	Crystal Palace	D	1-1	Graham	47,612
5		29	(a)	West Brom A	D	1-1	Evans A	31,624
6	Sep	5	(h)	Manchester U	D	1-1	Evans A	52,541
7		12	(a)	Newcastle U	D	0-0		35,501
8		19	(h)	Nottingham F	W	3-0	Graham, Thompson, Evans A	40,676
9		26	(a)	Southampton	L	0-1		26,155
10	Oct	3	(h)	Chelsea	W	1-0	Evans A	46,196
11		10	(a)	Tottenham H	L	0-1		44,457
12		17	(h)	Burnley	W	2-0	Yeats, Heighway	40,804
13		24	(a)	Ipswich T	L	0-1		22,577
14		31	(h)	Wolverhampton W	W	2-0	Smith (pen), Evans A	45,391
15	Nov	7	(a)	Derby Co	D	0-0		33,004
16		14	(h)	Coventry C	D	0-0		40,303
17		21	(h)	Everton	W	3-2	Heighway, Toshack, Lawler	53,777
18		28	(a)	Arsenal	L	0-2		45,097
19	Dec	5	(h)	Leeds U	D	1-1	Toshack	51,357
20		12	(a)	West Ham U	W	2-1	Whitham, Boersma	27,459
21		19	(a)	Huddersfield T	D	0-0		25,033
22		26	(h)	Stoke C	D	0-0		47,103
23	Jan	9	(h)	Blackpool	D	2-2	Heighway, Craven (og)	42,939
24		12	(h)	Manchester C	D	0-0		45,985
25		16	(a)	Crystal Palace	L	0-1		28,253
26		30	(h)	Arsenal	W	2-0	Toshack, Smith (pen)	43,847
27	Feb	6	(a)	Leeds U	W	1-0	Toshack	48,425
28		16	(h)	West Ham U	W	1-0	Toshack	38,032
29		20	(a)	Everton	D	0-0		56,846
30		27	(a)	Wolverhampton W	L	0-1		32,290
31	Mar	13	(a)	Coventry C	L	0-1		27,687
32		20	(h)	Derby Co	W	2-0	Mackay (og), Lawler	40,990
33		29	(h)	Ipswich T	W	2-1	Evans A, Graham	42,017
34	Apr	2	(h)	West Brom A	D	1-1	Evans A	43,580
35		6	(h)	Newcastle U	D	1-1	Lawler	44,289
36		10	(a)	Stoke C	W	1-0	Thompson	28,810
37		12	(a)	Chelsea	L	0-1		38,705
38		17	(h)	Tottenham H	D	0-0		49,363
39		19	(a)	Manchester U	W	2-0	Heighway, Edwards (og)	44,004
40		24	(a)	Nottingham F	W	1-0	Hall	20,678
41		26	(a)	Manchester C	D	2-2	Graham 2	17,975
42	May	1	(h)	Southampton	W	1-0	Hughes	38,427

FINAL LEAGUE POSITION : 5th in Division One

Appearances
Sub. Appearances
Goals

Clemence	Lawler	Ross	Smith	Lloyd	Hughes	Callaghan	Evans A	Graham	McLaughlin	Thompson	Evans R	Lindsay	Whitham	Hall	Livermore	Heighway	Yeats	St. John	Boersma	Toshack	Lawrence	Fagan	Arnold	
1	2	3	4	5	6	7	8	9	10	11														1
1	2	3	4	5	6	7	8	9	10	11														2
1	2	3	4	5	6	7	8	9	10	11														3
1	2		4	5	6	7	8	9	10	11	3													4
1	2		4	5	6	7	8	9	10	11	3													5
1	2		4	5	6	7	8	9	10	11	3													6
1	2		4	5	6	7	8		10	11		3	9											7
1	2		4	5	6	7	8	9	10	11*		3		12										8
1	2		4	5	6		8*	9	10	11		3		7	12									9
1	2		4	5	6		8	9*	10	11		3		7		12								10
1	2	12	4	5	6		8		10	11		3		7		9*								11
1	2		4	5	6				10	11	8			7		9	3							12
1	2		4	5	6				10	11	8			7		9*	3	12						13
1	2		4	5	6		8		10	11				7		9	3							14
1	2		4	5	6				10	11		3		7		9			8					15
1	2		4	5	6				8	11		3		7		9				10				16
1	2	11	4	5	6				8			3		7		9				10				17
1	2	11	4	5	6				10			3		7		9*			12	8				18
1	2		4	5	6				8	11		3		7		9				10				19
1	2	12	4	5	6				8	11			10	7		9			3*					20
1	2	12	4	5	3				8	11*			10	7		9			6					21
1	2		4	5	6	7			8					11		9			3	10				22
1	2		4	5	6	7			8					11		9	12		3*	10				23
1	2		4	5	6	7			8			3		11		9				10				24
1	2		4	5	6	7			8			3		11		9				10				25
1	2		4	5	6				8					11		9	3		7	10				26
1	2		4	5	6				8					11		9	3		7	10				27
1	2		4	5	6				8					11		9	3		7	10				28
1	2		4	5	6				8					11		9	3		7	10				29
1	2		4	5	6			12	8					11		9	3		7*	10				30
1	2		4	5	6	12	8					3		11		9			7*	10				31
1	2		4	5	6	7	8					3		11		9				10				32
1	2		4	5	6	7	8	10		12		3		11		9*								33
1	2		4	5	6	7	8	10*		12		3		11		9								34
1	2		4	5	6	7	8			12		3		11		9*				10				35
1	2		4	5	6	7	8			9		3		11		12				10*				36
1	2	12	4	5		7	8	10	6	9		3							11*					37
1	2	7	4	5	6		8					3		11		9				10				38
1	2	5	4			7			6	8				11		9	3			10				39
1	2		4	5	6	7				8				11		9	3			10				40
		4					8	9	6		3		10			5		11			1	2	7	41
1	2		4	5	6	7			8		3			11		9				10				42
41	41	8	41	40	39	21	21	13	33	24	4	21	6	32		29	11		13	21	1	1	1	
		4				1		1		3			1		1	2	1	1	1					
	3		2		2		10	5	2	2		1	1			4	1		1	5				

13

1971-72

1	Aug	14	(h)	Nottingham F	W	3-1	Keegan, Smith (pen), Hughes	51,427
2		17	(h)	Wolverhampton W	W	3-2	Toshack, Heighway, Smith (pen)	51,869
3		21	(a)	Newcastle U	L	2-3	Hughes, Keegan	39,720
4		24	(a)	Crystal Palace	W	1-0	Toshack	29,489
5		28	(h)	Leicester C	W	3-2	Heighway, Keegan, Toshack	50,970
6	Sep	1	(a)	Manchester C	L	0-1		45,144
7		4	(a)	Tottenham H	L	0-2		50,124
8		11	(h)	Southampton	W	1-0	Toshack	45,878
9		18	(a)	Leeds U	L	0-1		41,381
10		25	(h)	Manchester U	D	2-2	Graham, Hall	55,634
11	Oct	2	(a)	Stoke C	D	0-0		28,698
12		9	(h)	Chelsea	D	0-0		48,464
13		16	(a)	Nottingham F	W	3-2	Hughes, Heighway, Smith (pen)	20,945
14		23	(h)	Huddersfield T	W	2-0	Smith (pen), Evans	41,627
15		30	(a)	Sheffield U	D	1-1	Keegan	39,023
16	Nov	6	(h)	Arsenal	W	3-2	Hughes, Callaghan, Ross	46,929
17		13	(a)	Everton	L	0-1		56,563
18		20	(a)	Coventry C	W	2-0	Whitham 2	25,325
19		27	(h)	West Ham U	W	1-0	Hughes	43,399
20	Dec	4	(a)	Ipswich T	D	0-0		21,359
21		11	(h)	Derby Co	W	3-2	Whitham 3	44,601
22		18	(h)	Tottenham H	D	0-0		43,409
23		27	(a)	West Brom A	L	0-1		43,904
24	Jan	1	(h)	Leeds U	L	0-2		53,847
25		8	(a)	Leicester C	L	0-1		26,421
26		22	(a)	Wolverhampton W	D	0-0		33,692
27		29	(h)	Crystal Palace	W	4-1	Lawler 2, Callaghan, Keegan	39,538
28	Feb	12	(a)	Huddersfield T	W	1-0	Whitham	18,702
29		19	(h)	Sheffield U	W	2-0	Toshack 2	42,005
30		26	(h)	Manchester C	W	3-0	Lloyd, Keegan, Graham	50,074
31	Mar	4	(h)	Everton	W	4-0	Wright (og), McClaughlin (og), Lawler, Hughes	53,922
32		11	(a)	Chelsea	D	0-0		38,691
33		18	(h)	Newcastle U	W	5-0	Lawler, Keegan, Toshack, Hughes, Heighway	43,899
34		25	(a)	Southampton	W	1-0	Toshack	21,680
35		28	(h)	Stoke C	W	2-1	Burrows (og), Keegan	42,489
36	Apr	1	(h)	West Brom A	W	2-0	Smith (pen), Lawler	46,564
37		3	(a)	Manchester U	W	3-0	Lawler, Toshack, Hughes	54,000
38		8	(h)	Coventry C	W	3-1	Keegan, Smith (pen), Toshack	50,628
39		15	(a)	West Ham U	W	2-0	Toshack, Heighway	32,660
40		22	(h)	Ipswich T	W	2-0	Toshack 2	54,316
41	May	1	(a)	Derby Co	L	0-1		39,420
42		8	(a)	Arsenal	D	0-0		39,289

FINAL LEAGUE POSITION : 3rd in Division One

Appearances

Sub. Appearances

Goals

Clemence	Lawler	Lindsay	Smith	Lloyd	Hughes	Keegan	Thompson P	Heighway	Toshack	McLaughlin	Callaghan	Ross	Hall	Graham	Boersma	Evans A	Whitham	Thompson P B							
1	2	3	4	5	6	7	8	9	10	11															1
1	2	3	4	5	6	7	8	9	10		11														2
1	2	3	4	5	6	7	8	9	10		11														3
1	2	3	4	5	6	7	8	9	10		11														4
1	2	3	4	5	6	7	8	9	10		11														5
1	2	3	4	5	6	7	8	9	10		11														6
1	2		4	5	6	7	8*	9	10	3	11	12													7
1	2	3		5	6	7		9	10		11	4	8												8
1	2	3		5	6			9	10*		11	4	8	7	12										9
1	2	3		5	6	7		9			11	4	8	10											10
1	2	3		5	6			9		8	11	4	7	10											11
1	2	3		5	6		7	9	12		11	4	8	10*											12
1	2		4	5	6	7		9	10*		11	3	12		8										13
1	2		4	5	6	7		9			11	3	10		8										14
1	2		4	5	6	7		9			11	3		10	8										15
1	2	3	4	5	6			9	10		11	7			8										16
1	2	3	4	5*	6			9	10		11	7		12	8										17
1	2	3	4		6			9			11	5		10	7		8								18
1	2	3	4		6			9			11	5		7	8		10								19
1	2	3	4		6	7		9			11	5			8		10								20
1	2	3	4		6	7		9			11	5	8				10								21
1	2	3	4		6	7		9			11	5	8				10								22
1	2	3	4		6	7		9			11	5	8				10								23
1	2	3	4		6	7	12	9			11	5	8				10*								24
1	2	3	4		6	7		9			11	5	8				10								25
1	2	3	4		6	7	9				11	5	8		10										26
1	2	3	4	5	6	7		9	10		11	8													27
1	2	3	4	5	6	7			10		11		8			9									28
1	2	3	4	5	6	7		8	10		11		9												29
1	2	3	4	5	6	7		9	10		11		12	8*											30
1	2	3	4	5	6	7		9	10		11		8												31
1	2	3	4	5	6	7		9	10		11		8												32
1	2*	3	4	5	6	7		9	10		11		8		12										33
1	2	3	4	5	6	7		9*	10	12	11		8												34
1	2	3	4	5	6	7		9	10		11		8												35
1	2	3	4	5	6	7		9*	10		11		8		12										36
1	2	3	4	5	6	7		9	10*		11		8					12							37
1	2	3	4	5	6	7		9	10		11		8												38
1	2	3	4	5	6	7		9	10		11		8												39
1	2	3	4	5	6	7		9	10		11		8												40
1	2	3	4	5	6	7		9*	10	12	11		8												41
1	2	3	4	5	6	7		9	10		11		8												42
42	42	38	37	33	42	35	9	40	28	3	41	20	24	10	3	6	9								
						1		1	2		1	2	1	3			1								
	6		6	1	8	9		5	13		2	1	1	2		1	6								

15

1972-73

1	Aug	12	(h)	Manchester C	W	2-0	Hall, Callaghan	55,383
2		15	(h)	Manchester U	W	2-0	Toshack, Heighway	54,779
3		19	(a)	Crystal Palace	D	1-1	Hughes	30,054
4		23	(a)	Chelsea	W	2-1	Toshack, Callaghan	35,375
5		26	(h)	West Ham U	W	3-2	Toshack, Ferguson (og), Hughes	50,491
6		30	(a)	Leicester C	L	2-3	Toshack 2	28,694
7	Sep	2	(a)	Derby Co	L	1-2	Toshack	32,524
8		9	(h)	Wolverhampton W	W	4-2	Hughes, Cormack, Smith (pen), Keegan	43,386
9		16	(a)	Arsenal	D	0-0		47,597
10		23	(h)	Sheffield U	W	5-0	Boersma, Lindsay, Heighway, Cormack, Keegan (pen)	42,940
11		30	(a)	Leeds U	W	2-1	Lloyd, Boersma	46,468
12	Oct	7	(h)	Everton	W	1-0	Cormack	55,975
13		14	(a)	Southampton	D	1-1	Lawler	24,110
14		21	(h)	Stoke C	W	2-1	Hughes, Callaghan	45,604
15		28	(a)	Norwich C	D	1-1	Cormack	36,625
16	Nov	4	(h)	Chelsea	W	3-1	Toshack 2, Keegan	48,932
17		11	(a)	Manchester U	L	0-2		53,944
18		18	(h)	Newcastle U	W	3-2	Cormack, Lindsay, Toshack	46,153
19		25	(a)	Tottenham H	W	2-1	Heighway, Keegan	45,399
20	Dec	2	(h)	Birmingham C	W	4-3	Lindsay 2, Cormack, Toshack	45,407
21		9	(a)	West Brom A	D	1-1	Boersma	27,213
22		16	(a)	Ipswich T	D	1-1	Heighway	25,693
23		23	(h)	Coventry C	W	2-0	Toshack 2	41,550
24		26	(a)	Sheffield U	W	3-0	Boersma, Lawler, Heighway	34,040
25		30	(h)	Crystal Palace	W	1-0	Cormack	50,862
26	Jan	6	(a)	West Ham U	W	1-0	Keegan	34,480
27		20	(h)	Derby Co	D	1-1	Toshack	45,996
28		27	(a)	Wolverhampton W	L	1-2	Keegan	32,957
29	Feb	10	(h)	Arsenal	L	0-2		49,898
30		17	(a)	Manchester C	D	1-1	Boersma	40,528
31		24	(h)	Ipswich T	W	2-1	Heighway, Keegan	43,875
32	Mar	3	(a)	Everton	W	2-0	Hughes 2	54,269
33		10	(h)	Southampton	W	3-2	Lloyd, Keegan 2	41,674
34		17	(a)	Stoke C	W	1-0	Mahoney (og)	33,540
35		24	(h)	Norwich C	W	3-1	Lawler, Hughes, Hall	42,995
36		31	(h)	Tottenham H	D	1-1	Keegan	48,477
37	Apr	7	(a)	Birmingham C	L	1-2	Smith	48,114
38		14	(h)	West Brom A	W	1-0	Keegan (pen)	43,853
39		17	(a)	Coventry C	W	2-1	Boersma 2	27,280
40		21	(a)	Newcastle U	L	1-2	Keegan	37,240
41		23	(h)	Leeds U	W	2-0	Cormack, Keegan	55,738
42		28	(h)	Leicester C	D	0-0		56,202

FINAL LEAGUE POSITION : 1st in Division One

Appearances
Sub. Appearances
Goals

Clemence	Lawler	Lindsay	Smith	Lloyd	Hughes	Keegan	Hall	Heighway	Toshack	Callaghan	lane	Cormack	Boersma	Storton	Thompson Phil										
1	2	3	4	5	6	7	8	9	10	11															1
1	2	3	4	5	6	7	8	9	10	11															2
1	2	3	4	5	6	7	8	9	10	11															3
1	2	3	4	5	6	7	8	9	10	11															4
1	2	3	4	5	6	7	8	9	10	11															5
1	2	3	4	5	6	7	8	9	10	11															6
	2		4	5	3	7	6	9	10	11	1	8													7
1	2	3	4	5	6	7		9	10	11		8													8
1	2	3	4	5	6	7		9	10	11		8													9
1	2	3	4	5	6	7		9		11		8	10												10
1	2	3		5	6	7		9		11		8	10	4											11
1	2	3		5	6	7		9		11		8	10	4											12
1	2	3		5	6	7		9		11		8	10	4											13
1	2	3	4	5	6	7		9		11		8	10												14
1	2	3	4	5		7		9		11		8	10		6										15
1	2	3	4	5	6	7		9	10	11		8													16
1	2	3	4	5	6	7		9*	10	11		8			12										17
1	2	3	4	5	6	7		9	10	11		8													18
1	2	3	4	5	6	7		9	10	11		8													19
1	2	3		5	6	7		9	10	11		8		4											20
1	2	3		5	6			9	10	11		8	7	4											21
1	2	3		5	6	7	12	9*		11		8	10	4											22
1	2	3		5	6	7		9	10	11		8		4											23
1	2	3		5	6	7		9		11		8	10	4											24
1	2	3		5	6	7		9	10	11		8		4											25
1	2		4	5	6	7		9		11		8	10		3										26
1	2	3	4	5	6	7		9	10	11		8													27
1	2	3	4	5	6	7		9	10	11		8													28
1	2	3	4	5	6	7	8		10	11			9												29
1	2	3	4	5	6	7	12	10*		11			9		8										30
1	2	3	4	5	6	7		9	10*	11			8		12										31
1	2	3	4	5	6	7	8	10		11			9												32
1	2	3	4	5	6	7	8		10	11			9												33
1	2	3	4	5	6	7	12	10		11		8	9*												34
1	2	3	4	5	6	7	9	10		11		8													35
1	2	3	4	5	6	7	8	9		11		10													36
1	2	3	4	5	6	7	10	9		11		8													37
1	2	3	4	5	6	7	9	10		11		8													38
1	2		4	5	6	7	9			11		8	10		3										39
1	2		4	5	6	7	9			11		8	10		3										40
1	2		4	5	6	7	9	10		11		8			3										41
1	2	3	4	5	6	7	12	10		11			8*		9										42
41	42	37	33	42	41	41	17	38	22	42	1	30	19	4	12										
						4									2										
	3	4	2	2	7	13	2	6	13	3		8	7												

1973-74

1	Aug	25	(h)	Stoke C	W	1-0	Heighway		52,935
2		28	(a)	Coventry C	L	0-1			29,305
3	Sep	1	(a)	Leicester C	D	1-1	Toshack		29,347
4		4	(h)	Derby Co	W	2-0	Thompson, Keegan (pen)		45,237
5		8	(h)	Chelsea	W	1-0	Keegan		47,016
6		12	(a)	Derby Co	L	1-3	Boersma		32,867
7		15	(a)	Birmingham C	D	1-1	Hall		35,719
8		22	(h)	Tottenham H	W	3-2	Lawler 2, Lindsay (pen)		42,901
9		29	(a)	Manchester U	D	0-0			53,882
10	Oct	6	(h)	Newcastle U	W	2-1	Cormack, Lindsay (pen)		45,612
11		13	(a)	Southampton	L	0-1			22,018
12		20	(a)	Leeds U	L	0-1			44,911
13		27	(h)	Sheffield U	W	1-0	Keegan		40,641
14	Nov	3	(a)	Arsenal	W	2-0	Hughes, Toshack		39,837
15		10	(h)	Wolverhampton W	W	1-0	Heighway		38,088
16		17	(h)	Ipswich T	W	4-2	Keegan 3 (1 pen), Cormack		37,420
17		24	(a)	QPR	D	2-2	Lloyd, Toshack		26,254
18	Dec	1	(h)	West Ham U	W	1-0	Cormack		34,857
19		8	(a)	Everton	W	1-0	Waddle		56,098
20		15	(a)	Norwich C	D	1-1	Cormack		20,628
21		22	(h)	Manchester U	W	2-0	Keegan (pen), Heighway		40,420
22		26	(a)	Burnley	L	1-2	Cormack		24,404
23		29	(a)	Chelsea	W	1-0	Cormack		32,901
24	Jan	1	(h)	Leicester C	D	1-1	Cormack		39,110
25		12	(h)	Birmingham C	W	3-2	Keegan 2, Thompson		39,094
26		19	(a)	Stoke C	D	1-1	Smith		32,789
27	Feb	2	(h)	Norwich C	W	1-0	Cormack		31,742
28		5	(h)	Coventry C	W	2-1	Lindsay (pen), Keegan		21,656
29		23	(a)	Newcastle U	D	0-0			41,727
30		26	(h)	Southampton	W	1-0	Boersma		27,015
31	Mar	2	(h)	Burnley	W	1-0	Toshack		42,562
32		16	(h)	Leeds U	W	1-0	Heighway		56,003
33		23	(a)	Wolverhampton W	W	1-0	Hall		35,867
34	Apr	6	(h)	QPR	W	2-1	Lindsay (pen), Mancini (og)		54,027
35		8	(a)	Sheffield U	L	0-1			31,809
36		12	(a)	Manchester C	D	1-1	Cormack		43,284
37		13	(a)	Ipswich T	D	1-1	Hughes		33,285
38		16	(h)	Manchester C	W	4-0	Hall 2, Boersma, Keegan		50,781
39		20	(h)	Everton	D	0-0			55,858
40		24	(h)	Arsenal	L	0-1			47,997
41		27	(a)	West Ham U	D	2-2	Toshack, Keegan		36,160
42	May	8	(a)	Tottenham H	D	1-1	Heighway		24,178

FINAL LEAGUE POSITION : 2nd in Division One

Appearances
Sub. Appearances
Goals

18

Clemence	Lawler	Lindsay	Thompson P	Lloyd	Hughes	Keegan	Cormack	Heighway	Boersma	Callaghan	Toshack	Smith	Brownbill	Hall	McLaughlin	Waddle	Evans R	Storton	Thompson M	
1	2	3	4	5	6	7	8	9	10	11										1
1	2	3	4	5	6	7	8	9	10	11										2
1	2	3	4	5	6	7	8	9		11	10									3
1	2		3	5	6	7	8	9		11	10	4								4
1	2		3	5	6	7	8	9		11	10	4								5
1	2		6	5	3	7	8	9	10	11		4								6
1	2		3	5	6	7	8		9	11		4	10*	12						7
1	2	3		5	6	7	8	9		11		4		10						8
1	2	3		5	6	7	8	9		11		4		10						9
1	2	3		5	6	7	8	9		11		4		10						10
1	2	3		5	6	7	8	9		11		4		10						11
1	2	3		5	6	7	8	9		11	10	4								12
1	2	3		5	6	7	8	9		11	10	4								13
1	2	3	4*	5	6	7	12	9		11	10			8						14
1	2	3	4	5	6	7	8	9		11	10									15
1	2	3	4	5	6	7	8	9		11	10									16
1	2*	3	4	5	6	7	8	9	12	11	10									17
1		3	4	5	6	7	8	9		11		2		10						18
1		3	4	5	6	7*	8		10	11		2	12	9						19
1		3	4	5	6	7	8	10		11		2		9						20
1			4	5	6	7	8	10		11		2		9	3					21
1			4	5	6	7	8	10		11		2		9	3					22
1		3	4	5	6	7	8	9		11	10	2								23
1		3	4	5	6	7	8	9		11	10						2			24
1		3	4	5	6	7	8	9		11		2		10						25
1		3	4	5	6	7	8	10*	12	11		2		9						26
1		3	4	5*	6	7	12		9	11	10	2		8						27
1		3	4		6	7	5		9	11		2		8		10				28
1		3	4		6	7	5		10	11		2		8		9				29
1	4	3			6	7	5		9	11		2		8		10				30
1		3	4		6	7	5	12	9*	11	10	2		8						31
1		3	4		6	7	5	9		11	10	2		8						32
1		3	4		6	7	5	9		11	10	2		8						33
1		3	4		6	7	5	9		11	10	2		8						34
1		3	4		6	7	5	9		11	10	2		8						35
1		3	4		6	7	5	9		11		2		8		10				36
1		3	4		6	7	5	9	10	11		2		8						37
1		3	4		6	7	5	9	10	11		2		8						38
1		3	4		6	7	5	9	10	11		2		8						39
1		3	4		6	7	5	9		11	10	2		8						40
1		3	4		6	7	5	9		11	10	2		8						41
1		3	4		6	7	5	9		11		2		8				10		42
42	18	36	35	27	42	42	40	35	13	42	19	34	1	20	1	11	2	1	1	
							2	1	2			2								
	2	4	2	1	2	12	9	5	3		5	1		4		1				

19

1974-75

1	Aug	17	(a)	Luton T	W	2-1	Smith, Heighway	21,062
2		20	(a)	Wolverhampton W	D	0-0		33,499
3		24	(h)	Leicester C	W	2-1	Lindsay 2 (2 pens)	49,398
4		27	(h)	Wolverhampton W	W	2-0	Heighway, Toshack	42,449
5		31	(a)	Chelsea	W	3-0	Kennedy, Boersma 2	39,461
6	Sep	7	(h)	Tottenham H	W	5-2	Boersma 3, Hughes, Kennedy	47,538
7		14	(a)	Manchester C	L	0-2		45,194
8		21	(h)	Stoke C	W	3-0	Ritchie (og), Boersma, Heighway	51,423
9		24	(h)	Burnley	L	0-1		44,639
10		28	(a)	Sheffield U	L	0-1		29,443
11	Oct	5	(a)	Carlisle U	W	1-0	Kennedy	20,844
12		12	(h)	Middlesbrough	W	2-0	Callaghan, Keegan (pen)	52,590
13		19	(a)	QPR	W	1-0	Hall	27,392
14		26	(h)	Leeds U	W	1-0	Heighway	54,996
15	Nov	2	(a)	Ipswich T	L	0-1		30,564
16		9	(h)	Arsenal	L	1-3	Kennedy	43,850
17		16	(a)	Everton	D	0-0		56,797
18		23	(h)	West Ham U	D	1-1	Smith	46,348
19		30	(a)	Coventry C	D	1-1	Keegan	23,089
20	Dec	7	(h)	Derby Co	D	2-2	Kennedy, Heighway	41,058
21		14	(a)	Luton T	W	2-0	Toshack, Heighway	35,151
22		21	(a)	Birmingham C	L	1-3	Toshack	23,608
23		26	(h)	Manchester C	W	4-1	Hall 2, Toshack, Heighway	46,062
24	Jan	11	(a)	Derby Co	L	0-2		33,463
25		18	(h)	Coventry C	W	2-1	Heighway, Keegan	43,668
26	Feb	1	(a)	Arsenal	L	0-2		43,028
27		8	(h)	Ipswich T	W	5-2	Hall, Toshack 2, Lindsay, Cormack	47,421
28		12	(a)	Newcastle U	L	1-4	Hall	38,115
29		19	(a)	West Ham U	D	0-0		40,256
30		22	(h)	Everton	D	0-0		55,853
31	Mar	1	(h)	Chelsea	D	2-2	Heighway, Cormack	42,762
32		8	(a)	Burnley	D	1-1	McDermott	31,812
33		15	(h)	Sheffield U	D	0-0		40,862
34		19	(a)	Leicester C	D	1-1	Toshack	28,012
35		22	(a)	Tottenham H	W	2-0	Keegan, Cormack	34,331
36		25	(h)	Newcastle U	W	4-0	Keegan, Toshack 2, McDermott	41,147
37		29	(h)	Birmingham C	W	1-0	Keegan (pen)	49,454
38		31	(a)	Stoke C	L	0-2		45,954
39	Apr	5	(a)	Leeds U	W	2-0	Keegan 2	34,971
40		12	(h)	Carlisle U	W	2-0	Toshack, Keegan	46,073
41		19	(a)	Middlesbrough	L	0-1		34,027
42		26	(h)	QPR	W	3-1	Toshack 2, Keegan (pen)	42,546

FINAL LEAGUE POSITION : 2nd in Division One

Appearances
Sub. Appearances
Goals

Clemence	Smith	Lindsay	Thompson	Cormack	Hughes	Keegan	Hall	Heighway	Boersma	Callaghan	Toshack	Waddle	Kennedy	Lawler	Neal	McDermott	Case											
1	2	3	4	5	6	7	8	9	10	11																		1
1	2	3	4	5	6		8	9	7	11	10																	2
1	2	3	4	5	6		8	9	7	11	10*	12																3
1	2	3	4	5	6		8	9	7	11	10																	4
1	2	3	4	5	6		8	9	7	11			10															5
1	2	3	4	5	6		8	9	7	11			10															6
1	2	3	4	5	6		8	9	7	11			10															7
1	2	3	4*	5	6		8	9	7	11		12	10															8
1	2	3		5	6		8	9	7	11			10	4														9
1	2	3		5	6		8	9	7	11			10	4														10
1	2	3		12	5	7	6	9	8	11			10*	4														11
1	2	3			5	7	6	9	8	11			10	4														12
1	2	3		12	6	7	8	9	5	11			10*	4														13
1	2	3			6	7	8	9	5	11			10	4														14
1	2	3		12	6	7	8	9	5*	11			10	4														15
1	2	3			6	7	8	9	5	11			10	4														16
1	2			8	6	7		9		11			10	5	3	4												17
1	2	3		8	6	7		12	9*	11			10	5		4												18
1	2	3	5	8	6	7		9		11			10			4												19
1	2	3	5	8	6	7		9		11			10			4												20
1	2		4	5	6	7		9		11	10				3	8												21
1	2		5	8	6	7		12	9*	11	10				3	4												22
1		3	4	5	6	7	8	9		11	10				2													23
1		3	4	5	6	7	8	9		11	10				2													24
1		3	4	5	6	7	8	9*	12	11	10				2													25
1		3	4	5	6	7	8	9		11	10				2													26
1		3	4	5	6	7	8	9		11	10*				2	12												27
1		3	4	5	6	7	8	9		11	10				2													28
1	3		4		6	7	8	9		11		12	10		2	5*												29
1	2		4	5	6	7	8	9		11	10				3													30
1	2		4	5	6	7	8	9*		11	10	12			3													31
1	2		4		6	7	8	9		11			10		3	5												32
1	2		4		6	7	8	9		11		12	10*		3	5												33
1	2		4	5	6	7	8	9*		11	10		12		3													34
1	2		4	5	6	7	8			11	10				3	9												35
1	2		4	5	6	7	8			11	10				3	9												36
1	2		4	5	6	7	8*			11	10		12		3	9												37
1	2		4	5	6	7	8	9*			12		10		3	11												38
1	2		4	5	6	7	8			11	10		9		3													39
1	2		4	5	6	7	8			11	10		9		3													40
1	2		4	5	6	7	8*	12	10	11			9		3													41
1	2		4	5	6	7				11	10				3	8	9											42
42	36	25	32	33	42	33	35	32	20	41	20		23	10	23	14	1											
			3					3	1		1	5	2			1												
	2	3		3	1	10	5	9	6	1	12		5			2												

21

1975-76

1	Aug	16	(a)	QPR	L	0-2		27,113
2		19	(h)	West Ham U	D	2-2	Callaghan, Toshack	40,564
3		23	(h)	Tottenham H	W	3-2	Keegan (pen), Case, Heighway	42,729
4		26	(a)	Leeds U	W	3-0	Kennedy, Callaghan 2	36,186
5		30	(a)	Leicester C	D	1-1	Keegan	25,008
6	Sep	6	(h)	Sheffield U	W	1-0	Kennedy	37,340
7		13	(a)	Ipswich T	L	0-2		28,132
8		20	(h)	Aston Villa	W	3-0	Toshack, Keegan, Case	42,779
9		27	(a)	Everton	D	0-0		55,570
10	Oct	4	(h)	Wolverhampton W	W	2-0	Hall, Case	36,391
11		11	(h)	Birmingham C	W	3-1	Toshack 3	36,532
12		18	(a)	Coventry C	D	0-0		20,695
13		25	(h)	Derby Co	D	1-1	Toshack	46,324
14	Nov	1	(a)	Middlesbrough	W	1-0	McDermott	30,952
15		8	(h)	Manchester U	W	3-1	Heighway, Toshack, Keegan	49,136
16		15	(a)	Newcastle U	W	2-1	Hall, Kennedy	39,686
17		22	(h)	Coventry C	D	1-1	Toshack	36,929
18		29	(a)	Norwich C	L	1-3	Hughes	34,780
19	Dec	2	(h)	Arsenal	D	2-2	Neal 2 (2 pens)	27,447
20		6	(a)	Burnley	D	0-0		18,426
21		13	(a)	Tottenham H	W	4-0	Keegan, Case, Neal, Heighway	29,891
22		20	(h)	QPR	W	2-0	Toshack, Neal (pen)	39,182
23		26	(a)	Stoke C	D	1-1	Toshack	32,092
24		27	(h)	Manchester C	W	1-0	Cormack	53,386
25	Jan	10	(h)	Ipswich T	D	3-3	Keegan 2, Case	40,547
26		17	(a)	Sheffield U	D	0-0		31,255
27		31	(a)	West Ham U	W	4-0	Toshack 3, Keegan	26,741
28	Feb	7	(h)	Leeds U	W	2-0	Keegan, Toshack	54,525
29		18	(a)	Manchester U	D	0-0		59,709
30		21	(h)	Newcastle U	W	2-0	Keegan, Case	43,404
31		24	(a)	Arsenal	L	0-1		36,127
32		28	(a)	Derby Co	D	1-1	Kennedy	32,800
33	Mar	6	(h)	Middlesbrough	L	0-2		41,391
34		13	(a)	Birmingham C	W	1-0	Neal (pen)	31,397
35		20	(h)	Norwich C	W	1-0	Fairclough	29,013
36		27	(h)	Burnley	W	2-0	Fairclough 2	36,708
37	Apr	3	(h)	Everton	W	1-0	Fairclough	54,632
38		6	(h)	Leicester C	W	1-0	Keegan	36,290
39		10	(a)	Aston Villa	D	0-0		44,250
40		17	(h)	Stoke C	W	5-3	Neal (pen), Toshack, Kennedy, Hughes, Fairclough	44,069
41		19	(a)	Manchester C	W	3-0	Heighway, Fairclough 2	50,439
42	May	4	(a)	Wolverhampton W	W	3-1	Keegan, Toshack, Kennedy	48,900

FINAL LEAGUE POSITION : 1st in Division One

Appearances

Sub. Appearances

Goals

Clemence	Neal	Jones	Thompson	Cormack	Hughes	Keegan	McDermott	Heighway	Toshack	Callaghan	Case	Boersma	Hall	Kennedy	Lindsay	Smith	Fairclough	Kettle		
1	2	3	4	5	6	7	8	9	10	11										1
1	2	3	4	5	6	7	8	9	10	11										2
1	2	3	4	5	6	7	8	9	10		11									3
1	2	3	4	5	6	7	8			11	9*	12	10							4
1	2	3*	4	5	6	7	8	9		11		12	10							5
1	2		4	5	6	7	8	9		11			10	3						6
1	2	3		5	6	7	8	9		11			10		4					7
1	2		4	5	6	7		9	10		11		8	3						8
1	2		4	5	6	7		9	10	11			8	3						9
1	2		4	5	6	7			10	11	9		8	3						10
1	2		4	12	6	7		9	10	11	5*		8	3						11
1	2		4	5	6	7		9	10	11			8	3						12
1	2	3	4	5	6*	7		9	10	11	12	8								13
1	2	3	4			7	12		10	11		8*	6		5	9				14
1	2	3	4		6	7		9	10	11			5	8						15
1	2	3	4		6	7		9	10	11			5	8						16
1	2	3	4		6			9	10	11	7		8	5						17
1	3		4		6	7		9	10	11			8	5		2				18
1	2		4		6	7		9	10	11			8	5			3			19
1	2	3	4		6	7		9	10	11	8			5						20
1	3		4	5*	6	7		9	10	11	8					2	12			21
1	3		4	5	6	7		9	10	11	8					2				22
1	3		4	5*	6	7		9	10	11	8			12		2				23
1	3		4	5	6	7		9	10	11	8					2				24
1	3		4		6	7		9	10	11	8			5		2				25
1	3		4		6	7		9	10	11	8*			5		2	12			26
1	3		4		6	7		9	10	11	8			5		2				27
1	3		4		6	7	12	9	10*	11	8			5		2				28
1	3		4		6	7		9	10	11	8			5		2				29
1	3		4		6	7		9	10	11	8			5		2*	12			30
1	3	2	4		6	7		9	10	11	8			5						31
1	3		4		6	7		9		11	8			5		2	10			32
1	3		4		6	7		9		11	8			5		2	10			33
1	3		4		6	7		9	10	11	8			5		2				34
1	3		4		6	7		9		11	8			5		2	10			35
1	3		4		6	7	9*	10	11	8				5		2	12			36
1	3		4		6	7		9	10*	11	8			5		2	12			37
1	3		4		6	7		9	10	11	8*			5		2	12			38
1	3		4		6	7		9	10*	11	8			5		2	12			39
1	3		4		6	7		9	10	11	8*			5		2	12			40
1	3		4		6	7		9	10	11				5		2	8			41
1	3		4		6	7		9	10	11	8*			5		2	12			42
42	42	13	41	16	41	41	7	39	35	40	27	1	12	29	6	24	5	1		
				1			2					2	1	1			9			
	6			1	2	12	1	4	16	3	6		2	6			7			

23

1976-77

#	Month	Date	H/A	Opponent	Result	Score	Scorers	Attendance
1	Aug	21	(h)	Norwich C	W	1-0	Heighway	49,753
2		25	(a)	West Brom A	W	1-0	Toshack	30,334
3		28	(a)	Birmingham C	L	1-2	Johnson	33,228
4	Sep	4	(h)	Coventry C	W	3-1	Keegan, Johnson, Toshack	40,371
5		11	(a)	Derby Co	W	3-2	Kennedy, Toshack, Keegan	26,833
6		18	(h)	Tottenham H	W	2-0	Johnson, Heighway	47,421
7		25	(a)	Newcastle U	L	0-1		33,204
8	Oct	2	(h)	Middlesbrough	D	0-0		45,107
9		16	(h)	Everton	W	3-1	Heighway, Neal (pen), Toshack	55,141
10		23	(a)	Leeds U	D	1-1	Kennedy	44,696
11		27	(a)	Leicester C	W	1-0	Toshack	29,384
12		30	(h)	Aston Villa	W	3-0	Callaghan, McDermott, Keegan	51,751
13	Nov	6	(a)	Sunderland	W	1-0	Fairclough	39,956
14		9	(h)	Leicester C	W	5-1	Heighway, Toshack, Neal (pen), Jones, Keegan (pen)	39,851
15		20	(a)	Arsenal	D	1-1	Kennedy	45,016
16		27	(h)	Bristol C	W	2-1	Keegan, Jones	44,323
17	Dec	4	(a)	Ipswich T	L	0-1		35,082
18		11	(h)	QPR	W	3-1	Toshack, Keegan, Kennedy	37,154
19		15	(a)	Aston Villa	L	1-5	Kennedy	42,851
20		18	(a)	West Ham U	L	0-2		24,175
21		27	(h)	Stoke C	W	4-0	Thompson, Neal (pen), Keegan, Johnson	50,371
22		29	(a)	Manchester C	D	1-1	Watson (og)	50,020
23	Jan	1	(h)	Sunderland	W	2-0	Kennedy, Thompson	44,687
24		15	(h)	West Brom A	D	1-1	Fairclough	39,195
25		22	(a)	Norwich C	L	1-2	Neal (pen)	25,913
26	Feb	5	(h)	Birmingham C	W	4-1	Neal (pen), Toshack 2, Heighway	41,072
27		16	(a)	Manchester U	D	0-0		57,487
28		19	(h)	Derby Co	W	3-1	Toshack, Jones, Keegan	44,202
29	Mar	5	(h)	Newcastle U	W	1-0	Heighway	45,553
30		9	(a)	Tottenham H	L	0-1		32,098
31		12	(a)	Middlesbrough	W	1-0	Hughes	29,000
32		22	(a)	Everton	D	0-0		56,562
33	Apr	2	(h)	Leeds U	W	3-1	Neal (pen), Fairclough, Heighway	48,791
34		9	(h)	Manchester C	W	2-1	Keegan, Heighway	55,283
35		11	(a)	Stoke C	D	0-0		29,905
36		16	(h)	Arsenal	W	2-0	Neal, Keegan	48,174
37		30	(a)	Ipswich T	W	2-1	Kennedy, Keegan	56,044
38	May	3	(h)	Manchester U	W	1-0	Keegan	53,046
39		7	(a)	QPR	D	1-1	Case	29,382
40		10	(a)	Coventry C	D	0-0		38,032
41		14	(h)	West Ham U	D	0-0		55,675
42		16	(a)	Bristol C	L	1-2	Johnson	38,688

FINAL LEAGUE POSITION : 1st in Division One

Appearances

Sub. Appearances

Goals

24

Clemence	Neal	Jones	Thompson	Kennedy	Hughes	Keegan	Johnson	Heighway	Toshack	Callaghan	Fairclough	Smith	Case	McDermott	Kettle	Lindsay	
1	2	3	4	5	6	7	8	9	10	11							1
1	2	3	4	5	6	7	8	9	10	11							2
1	2	3	4	5	6	7	8	9	10*	11	12						3
1	2	3	4	5	6	7	8	9	10	11							4
1	2	3		5	6	7	8	9	10	11		4					5
1	2	3		5	6	7	8	9		11		4	10				6
1	2	3		5	6	7	8	9*		11	12	4	10				7
1	2	3	4	5	6	7	8*	9		11			12	10			8
1	2*	3	4	5	6	7		9	10	11	12		8				9
1	2	3	4	5	6	7	12	9	10*	11			8				10
1	2	3	4	5	6	7		9	10*	11		12	8				11
1	2	3	4	5	6	7	12	9	10*	11			8				12
1	2	3	4	5	6	7	10*	9		11	12	8					13
1	2	3	4	5	6	7		9	10	11			8				14
1	2	3	4	5	6	7		9	10	11			8				15
1	2	3	4	5	6	7		9	10	11			8				16
1	2	3*	4	5	6	7		9	10	11	12		8				17
1	2	3	4	5	6	7	12	9	10*	11			8				18
1	2	3	4	5	6	7	10	9		11			8				19
1	2	3	4	5	6	7		9	10*	11		12	8				20
1	2	3	4	5	6	7	12	9	10	11*			8				21
1	2	3	4	5	6		10*	9		11	12	7	8				22
1	2	3	4	5	6		7	9	10	11			8				23
1	2		4	5	6	7	12	9		11	10	8*		3			24
1	2		4	5	6	7		9		11	10	8		3			25
1	2	3	4	5	6	7		9	10	11			8				26
1	2	3	4	5	6	7		9	10	11			8				27
1	2	3	4		6	7		9	10	11	8		5				28
1	2	3	4	5	6			9*	10	11	8		7	12			29
1	2	3		5	6	7		9	10	11		4	8				30
1	2	3		5	6	7	12	9*		11	10	4	8				31
1	2	3		5	6	7		9			10	4	8	11			32
1	2	3		5	6	7		9			10	4	8	11			33
1	2	3		5	6	7		9			10	4	8	11			34
1	2	3		5	6	7	12	9			10*	4	8	11			35
1	2	3		5	6	7	10	9				4	8	11			36
1	2	3		5	6	7	10	9*			12	4	8	11			37
1	2	3		5	6	7	9				10	4	8	11			38
1	2	3		5	6	7	10			12	9*	4	8	11			39
1	2	3		5	6	7	10	9				4	8	11			40
1	2	3		5	6	7	10*	9			12	4	8	11			41
1	2			5	6		10			7	9	4	8	11		3	42
42	42	39	26	41	42	38	19	39	22	32	12	16	24	25	2	1	
							7			1	8		3	1			
	7	3	2	7	1	12	5	8	10	1	3		1	1			

25

1977-78

1	Aug	20	(a)	Middlesbrough	D	1-1	Dalglish	31,000
2		23	(h)	Newcastle U	W	2-0	Dalglish, McDermott	48,267
3		27	(h)	West Brom A	W	3-0	Dalglish, Heighway, Case	48,525
4	Sep	3	(a)	Birmingham C	W	1-0	Kennedy	28,239
5		10	(h)	Coventry C	W	2-0	Fairclough, Dalglish	45,574
6		17	(a)	Ipswich T	D	1-1	Dalglish	29,658
7		24	(h)	Derby Co	W	1-0	McDermott	48,359
8	Oct	1	(a)	Manchester U	L	0-2		55,109
9		4	(a)	Arsenal	D	0-0		47,110
10		8	(h)	Chelsea	W	2-0	Dalglish, Fairclough	40,499
11		15	(a)	Leeds U	W	2-1	Case 2	45,500
12		22	(h)	Everton	D	0-0		51,668
13		29	(a)	Manchester C	L	1-3	Fairclough	49,207
14	Nov	5	(h)	Aston Villa	L	1-2	Carrodus (og)	50,436
15		12	(a)	QPR	L	0-2		25,625
16		19	(h)	Bristol C	D	1-1	Dalglish	41,053
17		26	(a)	Leicester C	W	4-0	Fairclough, Heighway, Dalglish, McDermott	26,051
18	Dec	3	(h)	West Ham U	W	2-0	Dalglish, Fairclough	39,659
19		10	(a)	Norwich C	L	1-2	Thompson	24,983
20		17	(h)	QPR	W	1-0	Neal (pen)	38,249
21		26	(a)	Nottingham F	D	1-1	Heighway	47,218
22		27	(h)	Wolverhampton W	W	1-0	Neal (pen)	50,294
23		31	(a)	Newcastle U	W	2-0	Thompson, Dalglish	36,456
24	Jan	2	(h)	Middlesbrough	W	2-0	Johnson, Heighway	49,305
25		14	(a)	West Brom A	W	1-0	Johnson	35,809
26		21	(h)	Birmingham C	L	2-3	Thompson, Kennedy	48,401
27	Feb	4	(a)	Coventry C	L	0-1		28,965
28		25	(h)	Manchester U	W	3-1	Souness, Kennedy, Case	49,590
29	Mar	4	(a)	Chelsea	L	1-3	Neal (pen)	35,550
30		8	(a)	Derby Co	L	2-4	Fairclough, Dalglish	23,413
31		11	(h)	Leeds U	W	1-0	Dalglish	48,233
32		25	(a)	Wolverhampton W	W	3-1	Case, Dalglish 2	27,531
33	Apr	1	(a)	Aston Villa	W	3-0	Dalglish 2, Kennedy	40,190
34		5	(a)	Everton	W	1-0	Johnson	52,759
35		8	(h)	Leicester C	W	3-2	Smith 2, Lee	42,979
36		15	(a)	Bristol C	D	1-1	Heighway	31,471
37		18	(h)	Ipswich T	D	2-2	Dalglish, Souness	40,044
38		22	(h)	Norwich C	W	3-0	Ryan (og), Fairclough 2	44,857
39		25	(h)	Arsenal	W	1-0	Fairclough	38,318
40		29	(a)	West Ham U	W	2-0	McDermott, Fairclough	37,448
41	May	1	(h)	Manchester C	W	4-0	Dalglish 3, Neal (pen)	44,528
42		4	(h)	Nottingham F	D	0-0		50,021

FINAL LEAGUE POSITION : 2nd in Division One

Appearances
Sub. Appearances
Goals

Clemence	Neal	Jones	Thompson	Kennedy	Hughes	Dalglish	Case	Heighway	McDermott	Callaghan	Smith	Fairclough	Johnson	Hansen	Toshack	Kewley	Souness	Ogrizovic	Lee					
1	2	3	4	5	6	7	8	9	10	11														1
1	2	3		5	6	7	8	9	10	11	4													2
1	2	3		5	6	7	8	9	10	11	4													3
1	2	3		5	6	7		9*	10	11	4	8	12											4
1	2	3		5	6	7	8		10	11	4	9												5
1	2	3		5	6	7	8	9*	10	11	4	12												6
1	2	3		5		7	8*	9	10	11	4	12		6										7
1	2	3		5		7	8		10	11	4	9		6										8
1	2	3	4	5		7	8		10	11		9		6										9
1	2	3		5	6	7	8		10	11		9		4										10
1	2	3		5	6	7	8	9	10*	11				4	12									11
1	2	3		5	6	7	8	9		11				4	10									12
1	2	3		5	6	7	8	9		11		10		4										13
1	2	3		5	6	7	8*	9	12	11		10		4										14
1	2	3		5	6	7		9	8	11		10		4										15
1	2	3	4	5	6	7		9		11		8			10									16
1	2		4	5	6	7		9	8	11	3	10												17
1	2		4	5	6	7		9	8	11	3	10												18
1	2		4	5	6	7	11	9	10		3*	8	12											19
1	2		4	5	6	7	9		8*	11		10	12	3										20
1	2	3	4	5	6	7	11*	9	8	12		10												21
1	2	3	4	5	6	7		9*	8	11		10	12											22
1	2	3	4	5	6	7		9	8	11		10												23
1	2	3	4	5	6	7		9	8*	11			10		12									24
1	2		4	5	6	7			8	11			9	3		10								25
1	2		4	5	6	7	12		8	11*			9	3		10								26
1	2		4	5	6	7	8			11		9		3		10								27
1	2		4	5	6	7	12	9	11		3	10*				8								28
1	2			5	6	7	12	9	8		3	11*		4		10								29
	2			5	6	7	11	9	8*		3	12		4		10	1							30
	2		4	5	6	7	8	9			3	11				10	1							31
1	2		4	5	6	7	8	9	10		3		11											32
1	2		4	5	6	7	8	9	10		3		11											33
1	2		4	5	6	7	8	9	10		3		11											34
1	2		4	5	6	7	8		10		3	9*			11		12							35
1	2		4	5	6	7	8	9	10		3				11									36
1	2			6		7	8	9	11*		3	5			10		12							37
1	2		4	5	6	7	8		10		3	9			11									38
1	2		4	5	6	7	8		10		3	9			11									39
1	2		4	5	6	7	8		10			9		3		11								40
1	2		4	5	6	7	8		10			9		3		11								41
1	2		4	5	6	7	8		10			9		3		11								42
40	42	20	27	41	39	42	30	28	36	25	22	26	7	18	2	15	2							
						3		1	1		3	4		1	1		2							
	4		3	4		20	5	5	4		2	10	3		2		1							

1978-79

#	Month	Date	H/A	Opponent	Result	Score	Scorers	Attendance
1	Aug	19	(h)	QPR	W	2-1	Dalglish, Heighway	50,793
2		22	(a)	Ipswich T	W	3-0	Souness, Dalglish 2	28,114
3		26	(a)	Manchester C	W	4-1	Souness 2, Kennedy R, Dalglish	46,710
4	Sep	2	(h)	Tottenham H	W	7-0	Dalglish 2, Kennedy R, Johnson 2, Neal (pen), McDermott	50,705
5		9	(a)	Birmingham C	W	3-0	Souness 2, Kennedy A	31,740
6		16	(h)	Coventry C	W	1-0	Souness	51,130
7		23	(a)	West Brom A	D	1-1	Dalglish	33,834
8		30	(h)	Bolton W	W	3-0	Case 3	47,099
9	Oct	7	(a)	Norwich C	W	4-1	Heighway 2, Johnson, Case	25,632
10		14	(h)	Derby Co	W	5-0	Johnson, Kennedy R. 2, Dalglish 2	47,475
11		21	(h)	Chelsea	W	2-0	Johnson, Dalglish	45,775
12		28	(a)	Everton	L	0-1		53,131
13	Nov	4	(h)	Leeds U	D	1-1	McDermott (pen)	51,657
14		11	(a)	QPR	W	3-1	Heighway, Kennedy R. Johnson	26,626
15		18	(h)	Manchester C	W	1-0	Neal (pen)	27,765
16		22	(a)	Tottenham H	D	0-0		50,393
17		25	(h)	Middlesbrough	W	2-0	McDermott, Souness	39,812
18	Dec	2	(a)	Arsenal	L	0-1		51,902
19		9	(h)	Nottingham F	W	2-0	McDermott 2 (1 pen)	51,469
20		16	(a)	Bristol C	L	0-1		28,722
21		26	(a)	Manchester U	W	3-0	Kennedy R, Case, Fairclough	54,940
22	Feb	3	(h)	West Brom A	W	2-1	Dalglish, Fairclough	52,211
23		13	(h)	Birmingham C	W	1-0	Souness	35,207
24		21	(h)	Norwich C	W	6-0	Dalglish 2, Johnson 2, Kennedy A, Kennedy R	35,754
25		24	(a)	Derby Co	W	2-0	Dalglish, Kennedy R	27,859
26	Mar	3	(a)	Chelsea	D	0-0		40,594
27		6	(a)	Coventry C	D	0-0		26,629
28		13	(h)	Everton	D	1-1	Dalglish	52,352
29		20	(h)	Wolverhampton W	W	2-0	McDermott, Johnson	39,695
30		24	(h)	Ipswich T	W	2-0	Dalglish, Johnson	43,243
31	Apr	7	(h)	Arsenal	W	3-0	Case, Dalglish, McDermott	47,297
32		10	(a)	Wolverhampton W	W	1-0	Hansen	30,857
33		14	(h)	Manchester U	W	2-0	Dalglish, Neal	46,608
34		16	(a)	Aston Villa	L	1-3	Johnson	44,029
35		21	(h)	Bristol C	W	1-0	Dalglish	43,191
36		24	(a)	Southampton	D	1-1	Johnson	23,181
37		28	(a)	Nottingham F	D	0-0		41,898
38	May	1	(h)	Bolton W	W	4-1	Johnson, Kennedy R. 2, Dalglish	35,200
39		5	(a)	Southampton	W	2-0	Neal 2	46,687
40		8	(h)	Aston Villa	W	3-0	Kennedy A, Dalglish, McDermott	50,576
41		11	(a)	Middlesbrough	W	1-0	Johnson	32,244
42		17	(a)	Leeds U	W	3-0	Johnson 2, Case	41,324

FINAL LEAGUE POSITION : 1st in Division One

Appearances
Sub. Appearances
Goals

28

Clemence	Neal	Kennedy A	Thompson	Kennedy R	Hughes	Dalglish	Case	Heighway	McDermott	Souness	Johnson	Hansen	Fairclough	Lee								
1	2	3	4	5	6	7	8	9	10	11												1
1	2	3	4	5	6	7	8	9	10	11												2
1	2	3	4	5	6	7	8	9	10	11												3
1	2	3	4	5	6*	7	8	9	10	11	12											4
1	2	3	4	5		7	8	9	10	11		6										5
1	2	3	4	5	6	7	8	9	10	11												6
1	2	3	4	5	6	7	8	9*	10	11	12											7
1	2	3	4	5		7	8	9	10	11		6										8
1	2	3	4	5		7	8	9		11	10	6										9
1	2	3	4	5		7	8	9		11	10	6										10
1	2	3	4	5		7	8	9		11	10	6										11
1	2	3	4	5		7	8*	9	12	11	10	6										12
1	2	3	4	5		7	8	9	12	11*	10	6										13
1	2	3	4	5		7	8	9		11	10	6										14
1	2	3	4	5		7	8	9		11	10	6										15
1	2	3	4	5		7	8	9	12	11	10*	6										16
1	2	3	4	5		7	8	9	10	11		6										17
1	2	3	4*	5		7	8	9	10	11	12	6										18
1	2	3	4	5		7	8	9	10	11		6										19
1	2	3	4	5		7	8	9*	10	11	12	6										20
1	2		4	5	3	7	8		10	11		6	9									21
1	2	3		5	6	7	8*	12	10	11		4	9									22
1	2	4		5	3	7		8	10	11		6	9									23
1	2	4		5	3	7		9	10	11	8	6										24
1	2	4	6	5	3	7		9	10	11	8											25
1	2	4	6	5	3	7		9	10	1	8											26
1	2		4	5	3	7	9		10	11	8	6										27
1	2		4	5	3	7	9		10	11	8*	6	12									28
1	2		4	5	3	7	9		10	11	8	6										29
1	2		4	5	3	7	9		10	11	8	6										30
1	2	3	4	5		7	8		10	11	9	6										31
1	2	3	4	5		7	9		10	11	8	6										32
1	2	3	4	5		7	8		10	11	9	6										33
1	2	3	4	5		7		8	10	11	9	6										34
1	2	3	4	5		7	8	12	10	11	9*	6										35
1	2	3	4	5		7	8		10		9	6	11									36
1	2	3	4	5		7	8	9*	10	11		6	12									37
1	2	3	4	5		7	8		10	11	9	6										38
1	2	3	4	5		7	8		10	11	9	6										39
1	2	3	4	5		7	8		10	11	9	6										40
1	2	3	4	5		7	8		10	11	9	6										41
1	2	3	4	5		7	8		10	11	9	6										42
42	42	37	39	42	16	42	37	26	34	41	26	34	3	1								
								2	3		4		1	1								
	5	3		10		21	7	4	8	8	16	1	2									

29

1979-80

1	Aug	21	(h)	Bolton W	D	0-0		45,900
2		25	(h)	West Brom A	W	3-1	Johnson 2, McDermott	48,021
3	Sep	1	(a)	Southampton	L	2-3	Johnson, Irwin	21,402
4		8	(h)	Coventry C	W	4-0	Johnson 2, Case, Dalglish	39,926
5		15	(a)	Leeds U	D	1-1	McDermott	39,779
6		22	(h)	Norwich C	D	0-0		44,120
7		29	(a)	Nottingham F	L	0-1		28,262
8	Oct	6	(h)	Bristol C	W	4-0	Johnson, Dalglish, Kennedy R, McDermott	38,213
9		9	(a)	Bolton W	D	1-1	Dalglish	25,571
10		13	(a)	Ipswich T	W	2-1	Hunter (og), Johnson	25,310
11		20	(h)	Everton	D	2-2	Lyons (og), Kennedy R	52,201
12		27	(a)	Manchester C	W	4-0	Johnson, Dalglish 2, Kennedy R	48,128
13	Nov	3	(h)	Wolverhampton W	W	3-0	Dalglish 2, Kennedy R	49,541
14		10	(a)	Brighton & HA	W	4-1	Kennedy R, Dalglish 2, Johnson	29,682
15		17	(h)	Tottenham H	W	2-1	McDermott 2	51,092
16		24	(a)	Arsenal	D	0-0		55,561
17	Dec	1	(h)	Middlesbrough	W	4-0	McDermott, Hansen, Johnson, Kennedy R	39,885
18		8	(a)	Aston Villa	W	3-1	Kennedy R, Hansen, McDermott	41,160
19		15	(h)	Crystal Palace	W	3-0	Case, Dalglish, McDermott	42,898
20		22	(a)	Derby Co	W	3-1	Davies (og), McDermott (pen), Johnson	24,945
21		26	(h)	Manchester U	W	2-0	Hansen, Johnson	51,073
22		29	(a)	West Brom A	W	2-0	Johnson 2	34,915
23	Jan	12	(h)	Southampton	D	1-1	McDermott (pen)	44,655
24		19	(a)	Coventry C	L	0-1		31,578
25	Feb	9	(a)	Norwich C	W	5-3	Fairclough 3, Dalglish, Case	25,624
26		19	(h)	Nottingham F	W	2-0	McDermott, Kennedy R	45,093
27		23	(h)	Ipswich T	D	1-1	Fairclough	47,566
28		26	(a)	Wolverhampton W	L	0-1		36,693
29	Mar	3	(a)	Everton	W	2-1	Johnson, Neal (pen)	53,013
30		11	(h)	Manchester C	W	2-0	Caton (og), Souness	40,443
31		15	(a)	Bristol C	W	3-1	Kennedy R, Dalglish 2	27,187
32		19	(h)	Leeds U	W	3-0	Johnson 2, Kennedy A	37,008
33		22	(h)	Brighton & HA	W	1-0	Hansen	42,747
34		29	(a)	Tottenham H	L	0-2		32,114
35	Apr	1	(h)	Stoke C	W	1-0	Dalglish	36,415
36		5	(a)	Manchester U	L	1-2	Dalglish	57,342
37		8	(h)	Derby C	W	3-0	Irwin, Johnson, Osgood (og)	40,932
38		19	(a)	Arsenal	D	1-1	Dalglish	46,878
39		23	(a)	Stoke C	W	2-0	Johnson, Fairclough	32,000
40		26	(a)	Crystal Palace	D	0-0		45,583
41	May	3	(h)	Aston Villa	W	4-1	Johnson 2, Cohen, Blake (og)	51,541
42		6	(a)	Middlesbrough	L	0-1		24,458

FINAL LEAGUE POSITION : 1st in Division One

Appearances
Sub. Appearances
Goals

Clemence	Neal	Kennedy A	Thompson	Kennedy R	Hansen	Dalglish	Case	Johnson	McDermott	Souness	Heighway	Irwin	Cohen	Fairclough	Ogrizovic	Lee									
1	2*	3	4	5	6	7	8	9	10	11	12														1
1	2	3	4	5		7	8	9	10	11		6													2
1	2	3	4	5		7	8	9	10	11		6													3
1	2	3	4	5		7	8	9	10	11		6													4
1	2	3	4		6	7	8	9	10	11			5												5
1	2	3	4			7	8	9*	10	11	12	6		5											6
	2	3*	4	5	6	7	8		10	11		12		9	1										7
1	2	3	4	5	6	7	8	9	10	11															8
1	2	3	4	5	6	7	8	9	10	11															9
1	2	3	4	5	6	7	8	9		11	10														10
1	2	3	4	5	6	7	8	9	10	11															11
1	2	3	4	5	6	7	8	9		11	10														12
1	2	3	4	5	6	7	8	9	10	11															13
1	2	3	4	5	6	7	8	9*	10	11	12														14
1	2	3	4	5	6	7	8	9	10	11															15
1	2	3	4	5	6	7	8	9	10	11															16
1	2	3	4	5	6	7	8	9	10	11															17
1	2	3	4	5	6	7	8	9	10	11															18
1	2	3	4	5	6	7	8	9	10	11															19
1	2	3	4	5	6	7	8	9	10	11															20
1	2	3	4	5	6	7	8	9	10	11															21
1	2	3	4	5	6	7	8	9*	10	11	12														22
1	2	3	4	5	6	7	8	9	10	11															23
1	2	3	4	5	6	7	8*	9	10	11	12														24
1	2	3	4	5	6	7	8		10					9		11									25
1	2	3	4	5	6	7	8		10	11				9											26
1	2	3	4	5	6	7	8		10	11				9											27
1	2	3	4	5	6	7	8*		10	11	12			9											28
1	2	3	4	5	6	7	8	9*	10	11				12											29
1	2	3	4	5	6	7	8	9	10	11															30
1	2	3	4	5	6	7	8	9	10	11															31
1	2	3	4	5	6	7	8*	9	10	11				12											32
1	2	3	4	5	6	7	8	9	10*	11				12											33
1	2	3	4	5	6	7	8	9	10	11															34
1	2	3	4	5	6	7	8	9	10	11															35
1	2	3*	4	5	6	7	8	9	10	11				12											36
1	2		4	5	6	7	8	9	10*	11		3		12											37
1	2		4	5	6	7		9*		11	12	3		8		10									38
1	2		4	5	6	7		9		11		3*	12	8		10									39
1	2	3	4	5	6	7		9		11				8		10									40
1	2		4	5	6	7		9	10	11			3	8											41
1	2		4	5	6	7*		9	10	11			3	12		8									42
41	42	37	42	40	38	42	37	37	37	41	2	7	3	9	1	6									
											7	1	1	5		1									
	1	1		9	4	16	3	21	11	1		2	1	5											

31

1980-81

#	Month	Date	H/A	Opponent	Result	Score	Scorers	Attendance
1	Aug	16	(h)	Crystal Palace	W	3-0	Dalglish, Kennedy R, Kennedy A	42,777
2		19	(a)	Coventry C	D	0-0		22,807
3		23	(a)	Leicester C	L	0-2		28,455
4		30	(h)	Norwich C	W	4-1	Hansen, McDermott, Kennedy A, Johnson	35,315
5	Sep	6	(a)	Birmingham C	D	1-1	Dalglish	27,042
6		13	(h)	West Brom A	W	4-0	McDermott (pen), Souness, Fairclough 2	36,792
7		20	(a)	Southampton	D	2-2	Souness, Fairclough	24,085
8		27	(h)	Brighton & HA	W	4-1	Souness, McDermott (pen), Fairclough	35,836
9	Oct	4	(a)	Manchester C	W	3-0	Dalglish, Souness, Lee	41,022
10		7	(h)	Middlesbrough	W	4-2	McDermott 2 (1 pen), Kennedy R, Dalglish	28,204
11		11	(h)	Ipswich T	D	1-1	McDermott (pen)	48,084
12		18	(a)	Everton	D	2-2	Lee, Dalglish	52,565
13		25	(h)	Arsenal	D	1-1	Souness	40,310
14	Nov	1	(a)	Stoke C	D	2-2	Johnson, Dalglish	22,864
15		8	(h)	Nottingham F	D	0-0		43,143
16		11	(h)	Coventry C	W	2-1	Johnson 2	26,744
17		15	(a)	Crystal Palace	D	2-2	Kennedy R, McDermott	31,154
18		22	(h)	Aston Villa	W	2-1	Dalglish 2	48,114
19		25	(a)	Wolverhampton W	L	1-4	Neal	25,497
20		29	(a)	Sunderland	W	4-2	Johnson, McDermott, Lee 2	32,340
21	Dec	6	(h)	Tottenham H	W	2-1	Johnson, Kennedy R	39,545
22		13	(a)	Ipswich T	D	1-1	Case	32,274
23		20	(h)	Wolverhampton W	W	1-0	Kennedy R	33,563
24		26	(a)	Manchester U	D	0-0		57,073
25		27	(h)	Leeds U	D	0-0		44,086
26	Jan	10	(a)	Aston Villa	L	0-2		47,960
27		17	(a)	Norwich C	W	1-0	McDermott	23,829
28		31	(h)	Leicester C	L	1-2	Young (og)	35,154
29	Feb	7	(a)	West Brom A	L	0-2		27,905
30		14	(h)	Birmingham C	D	2-2	Johnson, Neal	32,199
31		21	(a)	Brighton & HA	D	2-2	Johnson, McDermott	23,275
32		28	(h)	Southampton	W	2-0	Kennedy R, McDermott	41,575
33	Mar	21	(h)	Everton	W	1-0	Bailey (og)	49,743
34		28	(a)	Arsenal	L	0-1		47,058
35	Apr	3	(h)	Stoke C	W	3-0	Whelan, McDermott 2	33,308
36		11	(a)	Nottingham F	D	0-0		27,363
37		14	(h)	Manchester U	L	0-1		31,276
38		18	(a)	Leeds U	D	0-0		39,206
39		25	(a)	Tottenham H	D	1-1	Gayle	35,334
40	May	2	(h)	Sunderland	L	0-1		40,337
41		5	(a)	Middlesbrough	W	2-1	Kennedy R, Irwin	19,102
42		19	(h)	Manchester C	W	1-0	Kennedy R	24,462

FINAL LEAGUE POSITION : 5th in Division One

Appearances

Sub. Appearances

Goals

	Clemence	Neal	Kennedy A	Thompson	Kennedy R	Hansen	Dalglish	Case	Johnson	McDermott	Souness	Fairclough	Ogrizovic	Lee	Cohen	Money	Irwin	Gayle	Rush	Heighway	Sheedy	Whelan	Russell							
1	1	2	3	4	5	6	7*	8	9	10	11	12																		1
2		2	3	4	5	6	7	8*	9	10	11	12	1																	2
3	1	2	3	4	5	6	7		9	10	11	12		8*																3
4	1	2	3	4	5	6	7	8	9	10	11																			4
5	1	2	3	4	5	6	7	8	9*	10	11				12															5
6	1	2		4	5	6*	7			10	11	9		8	3	12														6
7	1	2		4	5	6	7		10*	11	9		8	3		12														7
8	1	2		4	5	6	7			10	11	9		8	3															8
9	1	2		4	5	6	7			10	11	9*		8	3		12													9
10	1	2		4	5	6	7	12	9*	10	11			8	3															10
11	1	2		4	5	6	7		9	10	11			8	3															11
12	1	2		4	5	6	7		9	10	11			8	3															12
13	1	2	3	4	5	6	7	12	9*	10	11			8																13
14	1	2	3	4	5	6	7		9	10	11			8																14
15	1	2		4	5	6	7		9	10	11			8	3															15
16	1	2		4	5	6	7		9	10	11			8		3														16
17	1	2	4*	5	6	7	12	9	10	11			8	3																17
18	1	2			5	6	7		9	10	11			8	3		4													18
19	1	2			5	6	7	12	9	10	11			8*	3		4													19
20	1	2	3		5	6	7		9	10	11			8			4													20
21	1	2	3		5	6	7*	12	9	10	11			8			4													21
22	1	2	3		5	6		12	9*	10	11			8			4	7												22
23	1	2	3		5	6			9	10	11			8			4		7											23
24	1	2	3		5	6*	7	11	9	10				8		12	4													24
25	1	2	3		5		7*	11	9	10				8		6	4		12											25
26	1	2	3		5		7		9	10	11			8		6	4													26
27	1	2	3	4	5		7	12		10	11	9*		8			6													27
28	1	2		4	5			12	9	10*	11			8	3		6		7											28
29	1	2			5	6		7	9		11	10*		8		3	4		12											29
30	1	2			5		7	12	9	10*	11			8		3	4			6										30
31	1	2			5		7	6	9	10	11			8	3		4													31
32	1	2	3	4	5	6	7		9*	10	11			8			12													32
33	1	2			5	6	7	10			11			8	3		4		9											33
34	1	2	3		5	6	7	12		10	11*			8			4		9											34
35	1	2	3	4		6	7	11		10				8				9		5										35
36	1	2		4	5	6	7	11		10				8	3			9												36
37	1	2		4	5	6	7	11		10				8	3			9												37
38	1	2		4	5	6	7		9	10	11			8	3															38
39	1	2			5	6			10	11				8	3		4	7	9											39
40	1	2			5	6			10	11				8	3		4	7*	9			12								40
41	1	2			5	6		7	10	11				8	3		4		9											41
42	1	2	3	4	5	6		8	9	10	11						7													42
	41	42	19	25	41	36	34	14	29	40	37	6	1	37	13	12	19	3	7	4	1	1								
							10					3			1	2	2	1		2		1								
		2	2		8	1	8	1	8	13	6	4		4			1	1			1									

1981-82

1	Aug	29	(a)	Wolverhampton W	L	0-1		28,001
2	Sep	1	(h)	Middlesbrough	D	1-1	Neal (pen)	31,963
3		5	(h)	Arsenal	W	2-0	McDermott, Johnson	35,269
4		12	(a)	Ipswich T	L	0-2		26,703
5		19	(h)	Aston Villa	D	0-0		37,474
6		22	(a)	Coventry C	W	2-1	Kennedy A, McDermott (pen)	16,731
7		26	(a)	West Ham U	D	1-1	Johnson	30,802
8	Oct	3	(h)	Swansea C	D	2-2	McDermott 2 (2 pens)	48,645
9		10	(h)	Leeds U	W	3-0	Rush 2, Cherry (og)	35,840
10		17	(a)	Brighton & HA	D	3-3	Dalglish, Kennedy R, McDermott	26,321
11		24	(h)	Manchester U	L	1-2	McDermott (pen)	41,438
12		31	(a)	Sunderland	W	2-0	Souness, McDermott	27,854
13	Nov	7	(h)	Everton	W	3-1	Dalglish 2, Rush	48,861
14		21	(a)	West Brom A	D	1-1	Dalglish	20,871
15		28	(h)	Southampton	L	0-1		37,189
16	Dec	5	(a)	Nottingham F	W	2-0	Lawrenson, Kennedy R	24,521
17		26	(h)	Manchester C	L	1-3	Whelan	37,929
18	Jan	5	(a)	West Ham U	W	3-0	McDermott, Whelan, Dalglish	28,427
19		16	(h)	Wolverhampton W	W	2-1	Whelan, Dalglish	26,438
20		26	(a)	Notts Co	W	4-0	Whelan, Rush 3	14,407
21		30	(a)	Aston Villa	W	3-0	Rush, McDermott 2	35,947
22	Feb	6	(h)	Ipswich T	W	4-0	McDermott, Rush, Dalglish, Whelan	41,316
23		16	(a)	Swansea C	L	0-2		22,604
24		20	(h)	Coventry C	W	4-0	Souness, Lee, Rush, McDermott (pen)	28,286
25		27	(a)	Leeds U	W	2-0	Souness, Rush	33,689
26	Mar	6	(h)	Brighton & HA	L	0-1		28,574
27		9	(a)	Stoke C	W	5-1	McDermott, Dalglish, Souness, Lee, Whelan	16,758
28		20	(h)	Sunderland	W	1-0	Rush	30,344
29		27	(a)	Everton	W	3-1	Whelan, Souness, Johnston	51,847
30		30	(h)	Birmingham C	W	3-1	Rush 2, McDermott	24,224
31	Apr	2	(h)	Notts Co	W	1-0	Dalglish	30,126
32		7	(a)	Manchester U	W	1-0	Johnston	50,969
33		10	(a)	Manchester C	W	5-0	Lee, Neal (pen), Johnston, Kennedy A, Rush	40,112
34		13	(h)	Stoke C	W	2-0	Kennedy A, Johnston	30,419
35		17	(h)	West Brom A	W	1-0	Dalglish	34,286
36		24	(a)	Southampton	W	3-2	Rush, Whelan 2	24,704
37	May	1	(h)	Nottingham F	W	2-0	Johnston 2	34,321
38		3	(a)	Tottenham H	D	2-2	Dalglish 2	38,091
39		8	(a)	Birmingham C	W	1-0	Rush	26,381
40		11	(a)	Arsenal	D	1-1	Rush	30,932
41		15	(h)	Tottenham H	W	3-1	Lawrenson, Dalglish, Whelan	48,122
42		18	(a)	Middlesbrough	D	0-0		17,431

FINAL LEAGUE POSITION : 1st in Division One

Appearances
Sub. Appearances
Goals

Grobbelaar	Neal	Lawrenson	Thompson	Kennedy R	Hansen	Dalglish	Lee	Johnson	McDermott	Souness	Johnston	Kennedy A	Whelan	Sheedy	Rush								
1	2	3	4	5*	6	7	8	9	10	11	12												1
1	2	3	4	5	6	7	8	9	10	11													2
1	2	3	4	5	6	7	8	9	10	11*	12												3
1	2		4	5	6	7	8	9	10*	11	12	3											4
1	2		4	5	6	7	8	9	10	11		3											5
1	2	12	4	5	6	7	8	9*	10	11		3											6
1	2		4	5	6	7	8	9	10	11		3											7
1	2	5	4			7	8	9*	10	11		3	6	12									8
1	2	5	4		6	7	8		10	11		3			9								9
1	2	12	4	5	6	7	8		10	11		3			9*								10
1	2	3	4	5	6	7	8	9*	10	11			12										11
1	2	3	4	5	6	7			10	11			8		9								12
1	2	3	4	5*	6	7		12	10	11			8		9								13
1	2	3	4	5*	6	7		9	10	11		12	8										14
1	2	3	4	5	6	7		12	10*	11			8		9								15
1	2	3	4	5	6	7			10	11			8		9								16
1	2	3	4		6	7	8			11	10*	12	5		9								17
1	2	3	4		6	7			10	11		8	5		9								18
1	2	3	4		6	7		12	10	11		8*	5		9								19
1	2	3			6	7	8		10	11		4	5		9								20
1	2	3			6	7	8		10	11		4	5		9								21
1	2	3			6	7	8		10	11		4	5		9								22
1	2	3			6	7	8		10	11		4	5		9								23
1	2	3			6	7	8		10	11		4	5		9								24
1	2	3			6	7	8	12	10	11		4	5		9*								25
1	2	3			6	7	8*		10	11		4	5	12	9								26
1	2	3			6	7	8		10	11		4	5		9								27
1	2	3	6			7	8	12		11	10*	4	5		9								28
1	2	3	6			7	8			11	10	4	5		9								29
1	2	3	6			7	8		10		11	4	5		9								30
1	2	3	6			7	8		10		11	4	5		9								31
1	2	3	6			7	8		12	11*	10	4	5		9								32
1	2	3	6		11	7	8				10	4	5		9								33
1	2	3	6		11	7	8				10	4	5		9								34
1	2	3	6		11	7	8				10	4	5		9								35
1	2	3	6		11	7	8				10	4	5		9								36
1	2	3	6		11	7	8				10	4	5		9								37
1	2	3	6		11	7	8		12	10*	4	5		9									38
1	2	3	6		10	7	8		11	12	4	5*		9									39
1	2	3	6		10	7	8*		11	12	4	5		9									40
1	2	3	6		10	7	8		11		4	5		9									41
1	2	3	6		10	7	8		11	5	4			9									42
42	42	37	34	15	35	42	35	10	28	34	13	32	31		32								
		2						5	1	1	5	2	1	2									
	2	2		2		13	3	2	14	5	6	3	10		17								

1982-83

1	Aug	28	(h)	West Brom A	W	2-0	Lee, Neal (pen)		35,652
2		31	(a)	Birmingham C	D	0-0			20,176
3	Sep	4	(a)	Arsenal	W	2-0	Hodgson, Neal		36,429
4		7	(h)	Nottingham F	W	4-3	Hodgson 2, Souness, Rush		27,145
5		11	(h)	Luton T	D	3-3	Souness, Rush, Johnston		33,694
6		18	(a)	Swansea C	W	3-0	Rush 2, Johnston		20,322
7		25	(h)	Southampton	W	5-0	Whelan 2, Souness, Lawrenson		32,996
8	Oct	2	(a)	Ipswich T	L	0-1			24,342
9		9	(a)	West Ham U	L	1-3	Souness		32,500
10		16	(h)	Manchester U	D	0-0			40,853
11		23	(a)	Stoke C	D	1-1	Lawrenson		29,411
12		30	(h)	Brighton & HA	W	3-1	Lawrenson, Dalglish 2		27,929
13	Nov	6	(a)	Everton	W	5-0	Rush 4, Lawrenson		52,741
14		13	(h)	Coventry C	W	4-0	Dalglish, Rush 3		27,870
15		20	(a)	Notts Co	W	2-1	Johnston, Dalglish		16,914
16		27	(h)	Tottenham H	W	3-0	Neal (pen), Dalglish 2		40,691
17	Dec	4	(a)	Norwich C	L	0-1			22,909
18		11	(h)	Watford	W	3-1	Rush, Neal 2 (2 pens)		36,690
19		18	(a)	Aston Villa	W	4-2	Hodgson, Dalglish, Kennedy, Rush		34,568
20		27	(h)	Manchester C	W	5-2	Dalglish 3, Neal, Rush		44,664
21		28	(a)	Sunderland	D	0-0			35,041
22	Jan	1	(h)	Notts Co	W	5-1	Rush 3, Dalglish 2		33,643
23		3	(h)	Arsenal	W	3-1	Rush, Souness, Dalglish		37,713
24		15	(a)	West Brom A	W	1-0	Rush		24,560
25		22	(h)	Birmingham C	W	1-0	Neal		30,986
26	Feb	5	(a)	Luton T	W	3-1	Rush, Kennedy, Souness		18,434
27		12	(h)	Ipswich T	W	1-0	Dalglish		34,976
28		26	(a)	Manchester U	D	1-1	Dalglish		57,397
29	Mar	5	(h)	Stoke C	W	5-1	Dalglish 2, Neal, Johnston, Souness		30,020
30		12	(h)	West Ham U	W	3-0	Pike (og), Lee, Rush		28,511
31		19	(h)	Everton	D	0-0			44,737
32		22	(a)	Brighton & HA	D	2-2	Rush 2		25,030
33	Apr	2	(h)	Sunderland	W	1-0	Souness		35,821
34		4	(a)	Manchester C	W	4-0	Souness, Fairclough 2, Kennedy		35,647
35		9	(h)	Swansea C	W	3-0	Rush, Lee, Fairclough		30,010
36		12	(a)	Coventry C	D	0-0			14,821
37		16	(h)	Southampton	L	2-3	Dalglish, Johnston		25,578
38		23	(h)	Norwich C	L	0-2			37,022
39		30	(a)	Tottenham H	L	0-2			44,907
40	May	2	(a)	Nottingham F	L	0-1			25,107
41		7	(h)	Aston Villa	D	1-1	Johnston		39,939
42		14	(a)	Watford	L	1-2	Johnston		27,173

FINAL LEAGUE POSITION : 1st in Division One

Appearances
Sub. Appearances
Goals

Grobbelaar	Neal	Kennedy	Thompson	Whelan	Lawrenson	Dalglish	Lee	Rush	Hodgson	Souness	Johnston	Nicol	McDermott	Hansen	Fairclough	
1	2	3	4	5	6	7	8	9	10	11	12					1
1	6	3	4	5		7	8	9	10	11		2				2
1	2	3	4	6	5	7	8	9	10	11						3
1	2	3	4	6	5	7	8	9	10	11						4
1	2	3	4	6	5	7*	8	9	10	11	12					5
1	2	3	4		5	7	8	9	10*	11	6		12			6
1	2	3	4	5	6	7	8	9*		11	10		12			7
1	2	3	4	5	10	7	8*			11	9			6	12	8
1	2	3*	4	5	10	7	8	9		11	12			6		9
1	2	3	4	5	10	7	8	9		11				6		10
1	2	3	4	5	10	7	8	9		11				6		11
1	2	3	4	5	10	7	8	9		11				6		12
1	2	3	4		10	7*	8	9	12	11	5			6		13
1	2	3	4		10	7	8	9		11	5			6		14
1	2	3	4		10	7	8	9		11	5			6		15
1	2	3	4		10	7	8	9		11	5			6		16
1	2	3	4		10	7	8	9		11	5			6		17
1	2	3	4*	5		7	8	9		11	10			6	12	18
1	2	3		5	4	7	8	9	10	11				6		19
1	2	3		5*	4	7	8	9	10	11				6	12	20
1	2	3			4	7	8	9	10	11		5		6		21
1	2	3			4	7	8	9	10	11	5			6		22
1	2	3			4	7	8	9	10	11	5			6		23
1	2	3			4	7	8	9	10	11	5			6		24
1	2	3		5	4	7	8		10	11	9			6		25
1	2	3		12	4	7	8	9	10	11	5*			6		26
1	2	3		12	4	7	8	9	10	11	5*			6		27
1	2	3	4	5	4	7	8	9		11	10					28
1	2	3		5	4	7	8	9		11	10			6		29
1	2	3		5	4	7	8	9		11	10			6		30
1	2	3		5	4	7	8	9	12	11*	10			6		31
1	2	3	4*	5	11	7	8	9			10			6	12	32
1	2	3		5	4	7	8			11	10			6	9	33
1	2	3		5	4	7	8			11	10			6	9	34
1	2	3		5	4	7	8	9		11	10*			6	12	35
1	2	3		5	4	7	8	9		11	10			6		36
1	2	3		5	4	7	8		12	11	10			6	9*	37
1	2	3		5	4	7	8		9	11	10			6		38
1	2	3	4		5	7		9	10	11	8			6		39
1	2	3	4		5	7		9*	10	11	8	12		6		40
1	2	3	4		5	7	8		10	11	9			6		41
1	2	3	4		5*	7	8		9	11	10	12		6		42
42	42	42	24	26	40	42	40	34	20	41	30	2		34	3	
				2					3		3	2	2		5	
	8	3		2	5	18	3	24	4	9	7				3	

37

1983-84

#	Month	Date	H/A	Opponent	Result	Score	Scorers	Attendance
1	Aug	27	(a)	Wolves	D	1-1	Rush	26,249
2		31	(a)	Norwich C	W	1-0	Souness	23,859
3	Sep	3	(h)	Nottingham F	W	1-0	Rush	31,376
4		6	(h)	Southampton	D	1-1	Rush	26,331
5		10	(a)	Arsenal	W	2-0	Johnston, Dalglish	47,896
6		17	(h)	Aston Villa	W	2-1	Dalglish, Rush	34,246
7		24	(a)	Manchester U	L	0-1		56,121
8	Oct	1	(h)	Sunderland	L	0-1		29,534
9		15	(a)	West Ham U	W	3-1	Robinson 3	32,555
10		22	(a)	Queen's Park R	W	1-0	Nicol	27,140
11		29	(h)	Luton T	W	6-0	Rush 5, Dalglish	31,940
12	Nov	6	(h)	Everton	W	3-0	Rush, Robinson, Nicol	40,875
13		12	(a)	Tottenham H	D	2-2	Robinson, Rush	45,032
14		19	(h)	Stoke C	W	1-0	Rush	26,529
15		26	(a)	Ipswich T	D	1-1	Dalglish	23,826
16	Dec	3	(h)	Birmingham C	W	1-0	Rush	24,791
17		10	(a)	Coventry C	L	0-4		20,586
18		17	(h)	Notts C	W	5-0	Nicol, Souness 2 (1 pen), Hunt (og), Rush	22,436
19		26	(a)	West Brom A	W	2-1	Nicol, Souness	25,139
20		27	(h)	Leicester C	D	2-2	Lee, Rush	33,664
21		31	(a)	Nottingham F	W	1-0	Rush	29,692
22	Jan	2	(h)	Manchester U	D	1-1	Johnston	45,122
23		14	(h)	Wolves	L	0-1		23,325
24		20	(a)	Aston Villa	W	3-1	Rush 3	19,566
25	Feb	1	(h)	Watford	W	3-0	Rush, Nicol, Whelan	20,746
26		4	(a)	Sunderland	D	0-0		25,646
27		11	(a)	Arsenal	W	2-1	Kennedy, Neal	34,642
28		18	(a)	Luton T	D	0-0		14,877
29		25	(h)	Queen's Park R	W	2-0	Rush, Robinson	32,206
30	Mar	3	(a)	Everton	D	1-1	Rush	51,245
31		10	(h)	Tottenham H	W	3-1	Dalglish, Whelan, Lee	36,718
32		16	(a)	Southampton	L	0-2		19,698
33		31	(a)	Watford	W	2-0	Wark, Rush	21,293
34	Apr	7	(h)	West Ham U	W	6-0	Rush 2, Dalglish, Whelan, Souness 2	38,359
35		14	(a)	Stoke C	L	0-2		24,372
36		18	(a)	Leicester C	D	3-3	Whelan, Rush, Wark	26,553
37		21	(h)	West Brom A	W	3-0	McNaught (og), Souness, Dalglish	35,320
38		28	(h)	Ipswich T	D	2-2	Kennedy, Rush	32,069
39	May	5	(a)	Birmingham C	D	0-0		18,809
40		7	(h)	Coventry C	W	5-0	Rush 4 (1 pen), Hansen	33,393
41		12	(a)	Notts C	D	0-0		18,745
42		15	(h)	Norwich C	D	1-1	Rush	28,837

FINAL LEAGUE POSITION : 1st in Division One

Appearances
Sub. Appearances
Goals

38

Grobbelaar	Neal	Kennedy	Lawrenson	Johnston	Hansen	Dalglish	Lee	Rush	Robinson	Souness	Hodgson	Nicol	Whelan	Wark												
1	2	3	4	5	6	7	8	9	10	11																1
1	2	3	4	5	6	7	8	9	10	11																2
1	2	3	4	5	6	7	8	9	10*	11	12															3
1	2	3	4	5	6	7	8	9	10	11																4
1	2	3	4	5	6	7	8	9	10	11																5
1	2	3	4	5	6	7	8	9	10	11																6
1	2*	3	4	5	6	7	8	9	10	11		12														7
1		3	4	5	6	7	8	9	10	11		2														8
1	2	3	4	5	6	7	8	9*	10	11	12															9
1	2	3	4	5*	6	7	8	9	10	11		12														10
1	2	3	4		6	7	8	9	10	11		5														11
1	2	3	4		6	7	8	9	10	11		5														12
1	2	3	4		6	7	8	9	10	11		5														13
1	2	3	4		6	7	8	9	10	11		5														14
1	2	3	4		6	7	8	9		11		5	10													15
1	2	3	4	7	6		8	9	10*	11		5	12													16
1	2	3	4		6	7	8	9		11		5	10													17
1	2	3	4	10	6	7	8	9		11		5														18
1	2	3	4	10	6	7	8	9		11		5														19
1	2	3	4	10*	6	7	8	9		11	12	5														20
1	2	3	4	10	6	7*	8	9		11		5	12													21
1	2	3	4	10	6	7*	8	9		11	12	5														22
1	2	3	4	10	6		8	9	7	11		5*	12													23
1	2	3	4	10	6		8	9	7	11		5														24
1	2	3	4	10	6		8	9	7			5	11													25
1	2	3	4	10	6		8	9	7			5	11													26
1	2	3	4	10	6		8	9	7			5	11													27
1	2	3	4	10	6		8	9		11	7	5														28
1	2	3	4	10	6		8	9	7	11		5														29
1	2	3	4	10	6		8*	9	7	11		12	5													30
1	2	3	4	10	6	7	8		9	11			5													31
1	2	3	4	10	6	7	8	9	12			11*	5													32
1	2	3	4		6	7	8	9		11			5	10												33
1	2	3	4		6	7	8	9		11			5	10												34
1	2	3	4	12	6	7*	8	9		11			5	10												35
1	2	3	4		6	7	8	9		11			5	10												36
1	2	3	4		6	7	8	9		11			5	10												37
1	2	3	4*	11	6	7	8	9				12	5	10												38
1	2	3	4		6	7	8	9		11			5	10												39
1	2	3	4		6	7	8	9		11			5	10												40
1	2	3	4		6	7	8	9		11			5	10												41
1	2	3	4	10	6	7	8	9		11			5													42
42	41	42	42	28	42	33	42	41	23	37	1	19	20	9												
				1					1		4	3	3													
	1	2		2	1	7	2	32	6	7		6	3	2												

1984-85

1	Aug	25	(a)	Norwich C	D	3-3	Bruce (og), Dalglish, Neal (pen)	22,005
2		27	(h)	West Ham U	W	3-0	Walsh, Wark 2	32,633
3	Sep	1	(h)	QPR	D	1-1	Whelan	33,982
4		4	(a)	Luton T	W	2-1	Dalglish, Neal (pen)	14,127
5		8	(a)	Arsenal	L	1-3	Kennedy	50,006
6		15	(h)	Sunderland	D	1-1	Walsh	34,044
7		22	(a)	Manchester U	D	1-1	Walsh	56,638
8		29	(h)	Sheffield W	L	0-2		40,196
9	Oct	6	(h)	West Brom A	D	0-0		29,346
10		12	(a)	Tottenham H	L	0-1		28,599
11		20	(h)	Everton	L	0-1		45,545
12		28	(a)	Nottingham F	W	2-0	Rush, Whelan	19,838
13	Nov	3	(a)	Stoke C	W	1-0	Whelan	20,576
14		10	(h)	Southampton	D	1-1	Rush	36,382
15		18	(a)	Newcastle U	W	2-0	Nicol, Wark	28,003
16		24	(h)	Ipswich T	W	2-0	Wark 2	34,918
17	Dec	1	(a)	Chelsea	L	1-3	Molby	40,972
18		4	(h)	Coventry C	W	3-1	Rush (pen), Wark 2	27,237
19		15	(a)	Aston Villa	D	0-0		24,007
20		21	(a)	QPR	W	2-0	Rush, Wark	11,007
21		26	(h)	Leicester C	L	1-2	Neal (pen)	38,419
22		29	(h)	Luton T	W	1-0	Wark	35,403
23	Jan	1	(a)	Watford	D	1-1	Rush	27,073
24		19	(h)	Norwich C	W	4-0	Dalglish, Rush 2, Wark	30,627
25	Feb	2	(a)	Sheffield W	D	1-1	Lawrenson	48,246
26		12	(h)	Arsenal	W	3-0	Neal, Rush, Whelan	28,645
27		23	(h)	Stoke C	W	2-0	Dalglish, Nicol	31,368
28	Mar	2	(h)	Nottingham F	W	1-0	Wark (pen)	35,696
29		16	(h)	Tottenham H	L	0-1		43,852
30		23	(a)	West Brom A	W	5-0	Dalglish, Nicol, Wark 3	20,500
31		31	(a)	Manchester U	L	0-1		34,886
32	Apr	3	(a)	Sunderland	W	3-0	Rush 2, Wark	24,096
33		6	(a)	Leicester C	W	1-0	Whelan	22,942
34		20	(h)	Newcastle U	W	3-1	Gillespie, Walsh, Wark	34,733
35		27	(a)	Ipswich T	D	0-0		24,484
36	May	4	(h)	Chelsea	W	4-3	Nicol 2, Rush, Whelan	33,733
37		6	(a)	Coventry C	W	2-0	Walsh 2	18,951
38		11	(h)	Aston Villa	W	2-1	Rush, Whelan	33,001
39		14	(a)	Southampton	D	1-1	Wark	23,001
40		17	(h)	Watford	W	4-3	Dalglish, Rush 2, Wark (pen)	29,130
41		20	(a)	West Ham U	W	3-0	Beglin, Walsh 2	22,408
42		23	(a)	Everton	L	0-1		15,045

FINAL LEAGUE POSITION : 2nd in Division One

Appearances

Sub. Appearances

Goals

Grobbelaar	Neal	Kennedy	Lawrenson	Whelan	Hansen	Dalglish	Lee	Walsh	Wark	Molby	Robinson	Nicol	Gillespie	Rush	Johnston	Beglin	MacDonald	
1	2	3	4	5	6	7*	8	9	10	11	12							1
1	2	3	4	5	6	7	8	9	10	11								2
1	2	3	4	5	6	7	8	9	10	11								3
1	2	3	4	5	6	7*	8	9	10	11	12							4
1	2	3	4	5	6	7	8	9	10	11								5
1	2	3	4*	5	6	7	8	9	10	11	12							6
1	2	3	4	5	6	7	8	9	10			11						7
1	2	3	4	5	6	7	8	9	10*	12		11						8
1	2	3	4	5	6	7	8*	9	10		11	12						9
1	2	3	4	5	6			9*	10	7	11	8	12					10
1	2	3	4	5	6	7			10	11	8			9				11
1	2	3	4	5	6	7	8					11	9	10				12
1	2	3	4	5	6	7	8			11				9	10			13
1	2*	3	4		6	7			11	8		12		9	10	5		14
1	2	3	4		6	7			11	8		5		9	10			15
1	2	3	4	12	6	7			11	8		5		9*	10			16
1	2	3	4		6	7			11	8		5		9	10			17
1	2	3	4*	12	6	7			11	8		5		9	10			18
1	2	3			6			7	11	8		5	4	9	10			19
1	2	3	4		6			7	11	8		5	12	9*	10			20
1	2	3		9	6			7	11	8		5	4		10			21
1	2	3		8	6	7		9	11			5	4			10		22
1	2	3	4	8		7			11			5	5	9		10		23
1	2	3		8	6	7			11			5	4	9		10		24
1	2	3	4	8	6	7		12	11*			5		9		10		25
1	2	3		8	6	7			11			5	4	9		10		26
1	2	3		8	6	7			11			5	4	9		10		27
1	2	3	4	8	6	7*		12	11					9	5	10		28
1	2	3	4	8	6	7		12	11*			5		9		10		29
1	2	3	4	8	6	7			11			5		9		10		30
1	2	3*	4	8	6	7		12	11			5		9		10		31
1	2		4	8	6	7			11			5		9	3	10		32
1	2		4	8	6	7	5		11					9	3	10		33
1	2		4	8	6	7	10	9	11			5	3					34
1	2		4	8	6	7		9	11			5	10		3			35
1	2		4	8	6	7		10	11			5		9	3			36
1	2		4	8	6		7	10	11			5		9	3			37
1	2	3	4	8	6	7		10	11			5		9				38
1	2		4*	8	6		7	10	11	12		5		9	3			39
1	2			8	6	7*		10	11	12		5		9	3	4		40
1	2			8	6	7	12	10	11	4*		5		9	3			41
1	2			8	6	7	10		11	4*		5		9	3			42
42	42	32	33	35	41	36	16	22	40	19	3	29	10	28	11	10	13	
				2			1	4		3	3	2	2					
	4	1	1	7		6		8	18	1		5	1	14		1		

41

1985-86

#	Month	Date	H/A	Opponent	Result	Score	Scorers	Attendance
1	Aug	17	(h)	Arsenal	W	2-0	Whelan, Nicol	38,261
2		21	(a)	Aston Villa	D	2-2	Rush, Molby	20,197
3		24	(a)	Newcastle U	L	0-1		29,670
4		26	(h)	Ipswich T	W	5-0	Nicol, Rush 2, Molby, Johnston	29,383
5		31	(a)	West Ham U	D	2-2	Johnston, Whelan	19,762
6	Sep	3	(h)	Nottingham F	W	2-0	Whelan 2	27,135
7		7	(h)	Watford	W	3-1	Neal (pen), Johnston, Rush	31,395
8		14	(a)	Oxford U	D	2-2	Rush, Johnston	11,474
9		21	(a)	Everton	W	3-2	Dalglish, Rush, McMahon	51,509
10		28	(h)	Tottenham H	W	4-1	Lawrenson, Rush, Molby 2 (2 pens)	41,521
11	Oct	5	(a)	QPR	L	1-2	Walsh	24,621
12		12	(h)	Southampton	W	1-0	McMahon	31,070
13		19	(a)	Manchester U	D	1-1	Johnston	54,492
14		26	(h)	Luton T	W	3-2	Walsh 2, Molby	31,488
15	Nov	2	(h)	Leicester C	W	1-0	Rush	31,718
16		9	(a)	Coventry C	W	3-0	Beglin, Walsh, Rush	16,497
17		16	(h)	West Brom A	W	4-1	Nicol, Molby, Lawrenson, Walsh	28,407
18		23	(a)	Birmingham C	W	2-0	Rush, Walsh	15,062
19		30	(h)	Chelsea	D	1-1	Molby (pen)	38,482
20	Dec	7	(h)	Aston Villa	W	3-0	Molby, Walsh, Johnston	29,418
21		14	(a)	Arsenal	L	0-2		35,048
22		21	(h)	Newcastle U	D	1-1	Nicol	30,746
23		26	(a)	Manchester C	L	0-1		35,584
24		28	(a)	Nottingham F	D	1-1	MacDonald	27,141
25	Jan	1	(h)	Sheffield W	D	2-2	Rush, Walsh	38,964
26		12	(a)	Watford	W	3-2	Walsh 2, Rush	16,697
27		18	(h)	West Ham U	W	3-1	Molby (pen), Rush, Walsh	41,056
28	Feb	1	(a)	Ipswich T	L	1-2	Whelan	20,551
29		9	(h)	Manchester U	D	1-1	Wark	35,064
30		22	(h)	Everton	L	0-2		45,445
31	Mar	2	(a)	Tottenham H	W	2-1	Molby, Rush	16,436
32		8	(h)	QPR	W	4-1	McMahon 2, Rush, Wark	26,219
33		15	(a)	Southampton	W	2-1	Wark, Rush	19,784
34		22	(h)	Oxford U	W	6-0	Rush 3, Lawrenson, Whelan, Molby (pen)	37,861
35		29	(a)	Sheffield W	D	0-0		37,946
36		31	(h)	Manchester C	W	2-0	McMahon 2	43,316
37	Apr	12	(h)	Coventry C	W	5-0	Whelan 3, Molby, Rush	42,729
38		16	(a)	Luton T	W	1-0	Johnston	15,390
39		19	(a)	West Brom A	W	2-1	Dalglish, Rush	22,010
40		26	(h)	Birmingham C	W	5-0	Rush, Gillespie 3 (1 pen), Molby	42,021
41		30	(a)	Leicester C	W	2-0	Rush, Whelan	27,797
42	May	3	(a)	Chelsea	W	1-0	Dalglish	43,900

FINAL LEAGUE POSITION : 1st in Division One

Appearances
Sub. Appearances
Goals

42

Grobbelaar	Neal	Kennedy	Lawrenson	Whelan	Hansen	Dalglish	Nicol	Rush	Molby	Beglin	Walsh	Johnston	Lee	McMahon	MacDonald	Wark	Gillespie	
1	2	3	4	5	6	7	8	9	10	11								1
1	2	3	4	5	6		8	9	10	11	7*	12						2
1	2	3	4	5	6	7*	8	9	10	11		12						3
1	2*	3	4	5	6		8	9	10		12	7	11					4
1	2	3	4	5	6		8	9	10			7	11					5
1	2	3	4	5	6		8	9	10			7	11					6
1	2	3	4	5	6		8	9	10			7	11					7
1	2	3	4	5*	6		8	9	10		12	7		11				8
1	12		4	5	6	7	2*	9	10	3		8		11				9
1	2		4	5	6	7		9	10	3		8		11*	12			10
1	2		4	5	6			9	10	3	7	8		11				11
1	2		4	5		7		9	10	3		8		11	12	6*		12
1			4	5	6		2	9	10	3		8		11	12	7*		13
1			4	5	6	7	2		10	3	9	8		11				14
1			4	5	6	12	2	9	10	3	7	8*		11				15
1	12		4	5	6		2	9	10	3	7	8		11*				16
1			4	5*	6	12	2	9	10	3	7	8		11				17
1			4	5	6		2	9	10	3	7	8		11				18
1			4	5	6		2	9	10	3	7	8		11				19
1			4		6		2	9	10	3	7	8	5		11			20
1			4		6		2	9	10	3	7	8	5*	11	12			21
1			4		6	12	2	9		3	7	8	5	11		10*		22
1			4	5	6	12	2	9		3	7*	8		11	10			23
1			4	5	6	7	2	9	10	3		8*	12	11				24
1			4	5	6	7*	2	9	10		12	8		11	3			25
1			4	5	6		2	9	10		7	8		11	3			26
1			4	5	6		2	9	10		7	8			11	3		27
1			4	5	6		2		10	3	7	8*	9		12	11		28
1			4	5	6			9	10	3	7*	8	2		12	11		29
1			4	5	6			9	10*	3		8	2	11	12		7	30
1			4	5	6			9	10	3		8	2	11			7	31
1			4	5	6	7		9	10	3		12	2	11	8*			32
1			4	5	6			9	10	3		7	2		11	8		33
1			4*	5	6	7	12	9	10	3		8		11		2		34
1				5	6		4	9	10	3	7*	8		11	12	2		35
1				5	6	7	4	9	10	3		8		11		2		36
1				5	6	7	4	9*	10	3		8		12	11	2		37
1				5	6	7	4	9	10	3		8	12		11	2*		38
1		2		5	6	7	4	9	10	3		8			11			39
1		12	5*	6	7	4	9	10	3		8			11		2		40
1		12	5	6	7	4	9*	10	3		8			11		2		41
1			10	5	6	7	4	9		3		8			11		2	42
42	11	8	36	39	41	17	33	40	39	34	17	38	13	23	10	7	14	
	2		2			4	1				3	3	2		7	2		
	1		3	10		3	4	23	13	1	11	7		6	1	3	3	

43

1986-87

1	Aug	23	(a)	Newcastle U	W	2-0	Rush 2		33,306
2		25	(h)	Manchester C	D	0-0			39,989
3		30	(h)	Arsenal	W	2-1	Molby (pen), Rush		38,637
4	Sep	3	(a)	Leicester C	L	1-2	Dalglish		16,344
5		6	(a)	West Ham U	W	5-2	Whelan, Johnston, Dalglish 2, Rush		29,807
6		13	(h)	Charlton A	W	2-0	Molby (pen), Rush		37,413
7		20	(a)	Southampton	L	1-2	McMahon		20,452
8		27	(h)	Aston Villa	D	3-3	Wark 2 (1 pen), McMahon		38,298
9	Oct	4	(a)	Wimbledon	W	3-1	Molby, Rush 2		15,978
10		11	(h)	Tottenham H	L	0-1			43,139
11		18	(h)	Oxford U	W	4-0	Rush 2, Dalglish, Molby (pen)		34,512
12		25	(a)	Luton T	L	1-4	Molby (pen)		13,140
13	Nov	1	(h)	Norwich C	W	6-2	Nicol, Walsh 3, Rush 2		36,916
14		8	(a)	QPR	W	3-1	Rush, Nicol, Johnston		24,045
15		16	(h)	Sheffield W	D	1-1	Rush		28,020
16		23	(a)	Everton	D	0-0			48,247
17		29	(h)	Coventry C	W	2-0	Molby (pen), Wark		31,614
18	Dec	6	(a)	Watford	L	0-2			23,954
19		14	(h)	Chelsea	W	3-0	Whelan, Rush, Nicol		25,856
20		20	(a)	Charlton A	D	0-0			16,564
21		26	(h)	Manchester U	L	0-1			40,663
22		27	(a)	Sheffield W	W	1-0	Rush		40,959
23	Jan	1	(a)	Nottingham F	D	1-1	Rush		32,854
24		3	(h)	West Ham U	W	1-0	McMahon		41,286
25		17	(a)	Manchester C	W	1-0	Rush		35,336
26		24	(h)	Newcastle U	W	2-0	Walsh, Rush		38,054
27	Feb	14	(h)	Leicester C	W	4-3	Walsh, Rush 3		34,259
28		21	(a)	Aston Villa	D	2-2	Johnston, Walsh		32,093
29		28	(h)	Southampton	W	1-0	Aldridge		33,133
30	Mar	7	(h)	Luton T	W	2-0	Molby (pen), Donaghy (og)		32,433
31		10	(a)	Arsenal	W	1-0	Rush		47,777
32		14	(a)	Oxford U	W	3-1	Wark 2, Rush		14,211
33		18	(h)	QPR	W	2-1	Rush 2		28,988
34		22	(a)	Tottenham H	L	0-1			32,763
35		28	(h)	Wimbledon	L	1-2	Dalglish		36,409
36	Apr	11	(a)	Norwich C	L	1-2	Rush		22,878
37		18	(h)	Nottingham F	W	3-0	Dalglish, Whelan, Ablett		37,359
38		20	(a)	Manchester U	L	0-1			54,103
39		25	(h)	Everton	W	3-1	McMahon, Rush 2		44,827
40	May	2	(a)	Coventry C	L	0-1			26,700
41		4	(h)	Watford	W	1-0	Rush		40,150
42		9	(a)	Chelsea	D	3-3	Rush, McMahon, Aldridge		29,245

FINAL LEAGUE POSITION : 2nd in Division One

Appearances
Sub. Appearances
Goals

44

Hooper	Venison	Gillespie	Lawrenson	Whelan	Hansen	McMahon	Johnston	Rush	Molby	MacDonald	Dalglish	Beglin	Nicol	Grobbelaar	Wark	Walsh	Ablett	Irvine	Aldridge	Spackman	
1	2	3	4	5	6	7	8*	9	10	11	12										1
1	2	3	4	5	6	11*	8	9	10	12	7										2
1	2	3	4	5	6	11	8	9	10		7										3
1	2	3	4	5	6	11*	8	9	10	7	12										4
1	2	4	10	5	6*	11	8	9		7	12	3									5
1	2	6	4	5		11	8	9	10*	12	7	3									6
1	2	6	4	5		11		9	10	12	7	3	8*								7
	12	2	4	5	6	11		9			7	3	8*	1	10						8
		2	4	5	6	11		9	10			3	8	1	7						9
	5	2	4*		6	11		9	10		7	3	8	1	12						10
	3	2	4	5	6	11		9	10		7		8*	1	12						11
	2*		4	5	6	11	12	9	10			3	8	1		7					12
		2	4	5	6	11		9	10	12	3	8*	1		7						13
		2	4		6	11	5	9	10			3	8	1		7					14
		2	4		6	11	5	9	10			3	8	1		7					15
		2	4	5	6	11		9	10			3	8	1		7					16
		2	4	5	6	11		9	10*			3	8	1	12	7					17
	12	2	4	5	6	11*		9				3	8	1	10	7					18
	10	2	4	5	6	11		9			12	3	8	1		7*					19
		2	4	5		11		9				3	8	1	10	7*	6	12			20
	8	2	4	5	6	11		9	10		7	3		1							21
	8	2	4	5	6	11		9	10			3		1		7					22
	8	2	4	5	6	11		9	10			3		1		7					23
		2	4	5	6	11	8	9	10			3		1		7					24
		2	4	5	6	11	8	9	10			3		1		7					25
	3	2	4	5	6		8	9	10					1	11	7					26
	3	2	4	5	6	11*	8	9	10		12			1		7					27
	3	2	4	5	6	11	8*	9	10					1		7		12			28
	3	2*	4	5	6		8	9	10					1				12	11	7	29
	3		4	5	6	11	8	9	10					1		7				2	30
	3		4	5	6	11	8	9	10					1		7*		12	2		31
	3		4	5	6		8	9	10		7			1	11				2		32
	3		4	5	6		8	9	10					1	11*	7		12	2		33
	3	11	4	5	6		8	9	10*					1		7		12	2		34
	3	2	4*	5	6	11	8	9			7			1				12	10		35
	3	2		5	6	11	8	9	10					1	4	7					36
	3	2		5	6	11	8	9*			7			1		10	4	12			37
	3	2		5	6	11	8	9						1		7	10		4		38
1	3	2		5	6	11	8	9	10							7			4		39
1	3	2		5	6	11	8	9	10							7*		12	4		40
1	3	2		5	6	11	8	9	10*		7							12	4		41
1	3	2		5	6	11	8	9	10									7	4		42
11	31	37	35	39	39	37	27	42	34	3	12	20	14	31	8	23	5		2	12	
	2			1		1				3	6				3			2	8		
				3		5	3	30	7		6		3		5	6	1		2		

45

1987-88

1	Aug	15	(a)	Arsenal	W	2-1	Aldridge, Nicol	54703
2		29	(a)	Coventry C	W	4-1	Nicol 2, Aldridge (pen), Beardsley	27637
3	Sep	5	(a)	West Ham U	D	1-1	Aldridge (pen)	29865
4		12	(h)	Oxford U	W	2-0	Aldridge, Barnes	42266
5		15	(h)	Charlton Ath	W	3-2	Aldridge (pen), Hansen, McMahon	36637
6		20	(a)	Newcastle U	W	4-1	Nicol 3, Aldridge	24141
7		29	(h)	Derby Co	W	4-0	Aldridge 3 (2 pens), Beardsley	43405
8	Oct	3	(h)	Portsmouth	W	4-0	Beardsley, McMahon, Aldridge, Whelan (pen)	44366
9		17	(h)	QPR	W	4-0	Johnston, Aldridge (pen), Barnes 2	43735
10		24	(a)	Luton T	W	1-0	Gillespie	12452
11	Nov	1	(h)	Everton	W	2-0	McMahon, Beardsley	44760
12		4	(a)	Wimbledon	D	1-1	Houghton	13454
13		15	(a)	Manchester U	D	1-1	Aldridge	47106
14		21	(h)	Norwich C	D	0-0		37446
15		24	(h)	Watford	W	4-0	McMahon, Houghton, Aldridge, Barnes	32396
16		28	(a)	Tottenham H	W	2-0	McMahon, Johnston	47362
17	Dec	6	(h)	Chelsea	W	2-1	Aldridge (pen), McMahon	31211
18		12	(a)	Southampton	D	2-2	Barnes 2	19507
19		19	(h)	Sheffield W	W	1-0	Gillespie	35383
20		26	(a)	Oxford U	W	3-0	Aldridge, Barnes, McMahon	13680
21		28	(h)	Newcastle U	W	4-0	McMahon, Aldridge 2 (1 pen), Houghton	44637
22	Jan	1	(h)	Coventry C	W	4-0	Beardsley 2, Aldridge, Houghton	38790
23		4	(h)	Arsenal	W	2-0	Aldridge, Beardsley	44294
24		23	(a)	Charlton A	W	2-0	Beardsley, Barnes	28095
25	Feb	6	(h)	West Ham U	D	0-0		42049
26		13	(a)	Watford	W	4-1	Beardsley 2, Aldridge, Barnes	23838
27		27	(a)	Portsmouth	W	2-0	Barnes 2	28197
28	Mar	5	(a)	QPR	W	1-0	Barnes	23171
29		16	(a)	Derby Co	D	1-1	Johnston	26356
30		20	(a)	Everton	L	0-1		44162
31		26	(h)	Wimbledon	W	2-1	Aldridge, Barnes	36464
32	Apr	2	(a)	Nottingham F	L	1-2	Aldridge (pen)	29188
33		4	(h)	Manchester U	D	3-3	Beardsley, Gillespie, McMahon	43497
34		13	(h)	Nottingham F	W	5-0	Houghton, Aldridge 2, Beardsley, Gillespie	39535
35		20	(a)	Norwich C	D	0-0		22509
36		23	(h)	Tottenham H	W	1-0	Beardsley	44798
37		30	(a)	Chelsea	D	1-1	Barnes	35625
38	May	2	(h)	Southampton	D	1-1	Aldridge	37610
39		7	(a)	Sheffield W	W	5-1	Johnston 2, Barnes, Beardsley	35893
40		9	(h)	Luton T	D	1-1	Aldridge	30374

FINAL LEAGUE POSITION : 1st in Division One

Appearances
Sub. Appearances
Goals

Grobbelaar	Gillespie	Venison	Nicol	Whelan	Hansen	Beardsley	Aldridge	Johnston	Barnes	McMahon	Walsh	Spackman	Wark	Lawrenson	Houghton	Ablett	Hooper	Molby	Watson	Dalglish	MacDonald						
1	2	3	4	5	6	7*	8	9	10	11	12																1
1	2	3	4	5	6	7	8*	9	10	11	12																2
1	2	3	4	5	6	7	8		10	11		9															3
1	2	3	4	5	6	7	8*		10	11†	12	9	14														4
1	2	3	4	5	6	7	8		10	11		9*		12													5
1	2*	3	4	5	6	7	8		10	11		12		9													6
1	2	3	4†	5	6	7	8	9*	10	11	12			14													7
1	2	3	4	5	6	7	8	9*	10	11†	12			14													8
1	2	3	4	5	6	7	8	9†	10	11*	12			14													9
1	2	3	4	5	6	7	8		10	11					9												10
1	2		4	5	6	7	8	9	10	11				3													11
1	2		4	5	6	7	8	9*	10	11				3	12												12
1	2		4	5	6	7	8	9	10	11				3													13
1	2		4	5	6	7*	8	12	10	11				3	9												14
1	2*		4	5	6	7	8†		10	11	14	12		3	9												15
1	2*		4	5	6		8	14	10	11	7†	12		3	9												16
1	2		4	5	6	7	8*	12	10	11				3	9												17
1	2		4	5	6	7	8		10	11				3*	9	12											18
1	2	3	4	5	6	7*	8	12	10	11					9												19
1	2	3	4	5	6	7	8	12	10†	11*		14			9												20
1	2	3	4	5*	6	7	8	12	10†	11		14			9												21
1	2	3*	4	5	6	7	8		10	11†		14			9	12											22
	2		4	5	6	7	8		10	11		12		3*	9		1										23
	2	3†	4	5	6	7	8*	12	10	11		14			9		1										24
1		3	4		6	7	8*	12	10	11		5			9	2											25
1		3	4		6	7	8	12	10*	11†		5			9	2		14									26
1		3	4		6	7	8		10	11		5			9	2											27
1			4		6	7		8	10	11		5			9	2			3								28
1	2		4		6	7		8	10	11*		5			9	3		12									29
1	2		4		6	7		8	10	11		5*			9	3		12									30
1	2		4		6	7	8*	9	10	11†		5				3		14	12								31
1	2		4		6	12	8†	9	10	11		5			14	3		7*									32
1	2		4		6	7	8*	12	10	11		5			9	3											33
1	2		4		6	7	8	12	10	11†		5			9*	3		14									34
1	2		4		6	7	8	10		11		5			9	3											35
1	2		4		6	7	8	10		11		5			9	3											36
1			4	3	6	12	8*	7	10	11		5			9				2								37
1	2		4	14	6	7	8	12	10	11*		5†			9	3											38
1	2		4	12	6†	7		8	10	11*		5			9	3		14									39
1	2		4	6			8	7*	10	11		5*			9	3				14							40
38	35	18	40	26	39	36	36	18	38	40	1	19		10	26	15	2	1	2								
				2		2		1			7	8	1	4	2	2		6		2	1						
	4		6	1	1	15	26	5	15	9		5															

47

1988-89

1	Aug	27	(a)	Charlton A	W	3-0	Aldridge 3	21,389
2	Sep	3	(h)	Manchester U	W	1-0	Molby (pen)	42,026
3		10	(a)	Aston Villa	D	1-1	Houghton	41,409
4		17	(h)	Tottenham H	D	1-1	Beardsley	40,929
5		24	(a)	Southampton	W	3-1	Aldridge, Beardsley, Molby (pen)	21,046
6	Oct	1	(h)	Newcastle U	L	1-2	Gillespie	39,139
7		8	(a)	Luton T	L	0-1		12,117
8		22	(h)	Coventry C	D	0-0		38,742
9		26	(a)	Nottingham F	L	1-2	Rush	29,755
10		29	(a)	West Ham U	W	2-0	Rush, Beardsley	30,198
11	Nov	5	(h)	Middlesbrough	W	3-0	Rush, Aldridge, Beardsley	39,489
12		12	(h)	Millwall	D	1-1	Nicol	41,966
13		19	(a)	QPR	W	1-0	Aldridge	20,063
14		26	(h)	Wimbledon	D	1-1	Houghton	36,189
15	Dec	4	(a)	Arsenal	D	1-1	Barnes	31,863
16		11	(h)	Everton	D	1-1	Houghton	42,372
17		17	(h)	Norwich C	L	0-1		34,325
18		26	(a)	Derby Co	W	1-0	Rush	25,213
19	Jan	1	(a)	Manchester U	L	1-3	Barnes	44,745
20		3	(h)	Aston Villa	W	1-0	Whelan	39,014
21		14	(a)	Sheffield W	D	2-2	Nicol, Aldridge	31,524
22		21	(h)	Southampton	W	2-0	Aldridge, Rush	35,565
23	Feb	4	(a)	Newcastle U	D	2-2	Rush, Aldridge	30,966
24	Mar	1	(h)	Charlton A	W	2-0	Beardsley, Aldridge (pen)	30,283
25		11	(a)	Middlesbrough	W	4-0	Beardsley, Houghton, Aldridge, McMahon	25,197
26		14	(h)	Luton T	W	5-0	Aldridge 3 (1 pen), Beardsley, McMahon	31,447
27		22	(a)	Coventry C	W	3-1	Barnes, Aldridge, Whelan	23,807
28		26	(a)	Tottenham H	W	2-1	Aldridge (pen), Beardsley	30,012
29		29	(h)	Derby Co	W	1-0	Barnes	42,518
30	Apr	1	(a)	Norwich C	W	1-0	Whelan	26,338
31		8	(h)	Sheffield W	W	5-1	McMahon, Beardsley 2, Houghton, Barnes	39,672
32		11	(a)	Millwall	W	2-1	Barnes, Aldridge	22,130
33	May	3	(a)	Everton	D	0-0		45,994
34		10	(h)	Nottingham F	W	1-0	Aldridge (pen)	39,793
35		13	(a)	Wimbledon	W	2-1	Aldridge, Barnes	14,730
36		16	(h)	QPR	W	2-0	Aldridge, Whelan	38,368
37		23	(h)	West Ham U	W	5-1	Aldridge, Houghton 2, Rush, Barnes	41,855
38		26	(h)	Arsenal	L	0-2		41,783

FINAL LEAGUE POSITION : 2nd in Division One

Appearances

Sub. Appearances

Goals

Grobbelaar	Gillespie	Venison	Nicol	Whelan	Molby	Beardsley	Aldridge	Houghton	Barnes	McMahon	Rush	Spackman	Ablett	Staunton	Hooper	MacDonald	Burrows	Marsh	Watson	Hansen							
1	2	3	4	5	6	7*	8	9	10	11	12																1
1	2	3	4	5	6	7	8*	9	10	11†	12	14															2
1	2	3	4	5	6	12	8	7	10*		9	11															3
1	2		4	5	6*	7	8	10			9	11	3	12													4
	2	3*	4	5	10	7	8	9				11	12		1	6											5
	2		4	5	10	7	8	9		12	6	3	11*	1													6
	2*	3	4	5	6	7		8	10		9		12		1	11											7
		3	4	5		7	12	8	10		9		2		1	11*	6										8
		3	4	5		7	12	8	10		9	11*	2		1		6										9
		3	4	5*		7	8	11	10		9	12	2		1		6										10
		3†	4	5		7	8	11	10	12	9*	14	2		1		6										11
			4	5*		7	8	9	10	11		6	2	12	1		3										12
			4	5		7	8*	10		11	9	6	2	12	1		3										13
		3	4	5		7	12	10		11	9*	6	2	8	1												14
			4	5		7	8	9	10	11		6	2	3*	1		12										15
		3	4	5		7	8*	9	10	11	12		2		1		6										16
		3*	4	5		7		8	10	11	9	12	2		1		6										17
			4	5		7		8	10	11	9		2	3	1		6										18
			4	5	12	7	8	9	10	11			2	3*	1		6										19
			4	5	6	7	8	9	10	11			2		1		3										20
			4	5	6	7	12	8	10	11*	9		2		1		3										21
1			4	5	6	7	8	11	10		9		2				3										22
1			4	5	6	12	8	7	10	11*	9		2				3										23
1	5		4		6*	7	8	9	10	11			2				3	12									24
1	6		4	5		7	8	9	10	11			2	3													25
1	6†		4	5		7	8	9	10*	11			2	3			12		14								26
1	6		4	5		7	8	9	10	11			2	3													27
1	6		4	5		7	8	9	10	11			2	3													28
1	6		4	5		7	8	9	10	11			2	3													29
1	6		4	5		7	8	9	10	11			2	3													30
1	6†	14	4	5		7	8	9	10	11			2	3*			12										31
1		6	4	5		7	8	9	10	11			2	3													32
1			4	5		7	8*	9	10	11	12		2	3						6							33
1			4	5		7*	8	9	10	11	12		2				3			6							34
1			4	5			8	9	10	11	12		2	3					7*	6							35
1			4	5		7	8†	9	10	11	14		2	3*			12			6							36
1		3	4	5		12	8*	7	10	11	9		2				14			6†							37
1			4	5		12	8	7	10	11	9*		2	3						6							38
21	15	14	38	37	12	33	31	38	33	28	16	8	34	17	17	3	16		1	6							
		1			1	4	4			1	8	4	1	4			5	1	1								
	1		2	4	2	10	21	7	8	3	7																

49

1989-90

#	Month	Date	H/A	Opponent	Result	Score	Scorers	Attendance
1	Aug	19	(h)	Manchester C	W	3-1	Barnes (pen), Beardsley, Nicol	37,628
2		23	(a)	Aston Villa	D	1-1	Barnes	35,796
3		26	(a)	Luton T	D	0-0		11,124
4	Sep	9	(a)	Derby Co	W	3-0	Rush, Barnes (pen), Beardsley	20,034
5		12	(h)	Crystal Palace	W	9-0	Nicol 2, McMahon, Rush, Gillespie, Beardsley, Aldridge (pen), Barnes, Hysen	35,779
6		16	(h)	Norwich C	D	0-0		36,885
7		23	(a)	Everton	W	3-1	Barnes, Rush 2	42,453
8	Oct	14	(a)	Wimbledon	W	2-1	Beardsley, Whelan	13,510
9		21	(a)	Southampton	L	1-4	Beardsley (pen)	20,501
10		29	(h)	Tottenham H	W	1-0	Barnes	36,550
11	Nov	4	(h)	Coventry C	L	0-1		36,433
12		11	(a)	QPR	L	2-3	Barnes 2 (1 pen)	18,804
13		19	(a)	Millwall	W	2-1	Barnes, Rush	13,547
14		26	(h)	Arsenal	W	2-1	McMahon, Barnes	35,983
15		29	(a)	Sheffield W	L	0-2		32,732
16	Dec	2	(a)	Manchester C	W	4-1	Rush 2, Beardsley, McMahon	31,641
17		9	(h)	Aston Villa	D	1-1	Beardsley	37,435
18		16	(a)	Chelsea	W	5-2	Beardsley, Rush 2, Houghton, McMahon	31,005
19		23	(h)	Manchester U	D	0-0		37,426
20		26	(a)	Sheffield W	W	2-1	Molby, Rush	37,488
21		30	(h)	Charlton A	W	1-0	Barnes	36,678
22	Jan	1	(a)	Nottingham F	D	2-2	Rush 2	24,518
23		13	(h)	Luton T	D	2-2	Barnes, Nicol	35,312
24		20	(a)	Crystal Palace	W	2-0	Rush, Beardsley	29,807
25	Feb	3	(h)	Everton	W	2-1	Barnes, Beardsley (pen)	38,730
26		10	(a)	Norwich C	D	0-0		20,210
27	Mar	3	(h)	Millwall	W	1-0	Gillespie	36,427
28		18	(a)	Manchester U	W	2-1	Barnes 2 (1 pen)	46,629
29		21	(a)	Tottenham H	L	0-1		25,656
30		31	(h)	Southampton	W	3-2	Barnes, Osman (og), Rush	37,027
31	Apr	3	(h)	Wimbledon	W	2-1	Rush, Gillespie	33,319
32		11	(a)	Charlton A	W	4-0	Rosenthal 3, Barnes	13,982
33		14	(h)	Nottingham F	D	2-2	Rosenthal, McMahon	37,265
34		18	(a)	Arsenal	D	1-1	Barnes	33,395
35		21	(h)	Chelsea	W	4-1	Rosenthal, Nicol 2, Rush	38,431
36		28	(a)	QPR	W	2-1	Rush, Barnes (pen)	37,758
37	May	1	(h)	Derby Co	W	1-0	Gillespie	38,038
38		5	(a)	Coventry C	W	6-1	Rush, Barnes 3, Rosenthal 2	23,204

FINAL LEAGUE POSITION : 1st in Division One

Appearances
Sub Appearances
Goals

	Grobbelaar	Hysen	Burrows	Nicol	Whelan	Hansen	Beardsley	Venison	Rush	Barnes	McMahon	Aldridge	Gillespie	Molby	Staunton	Houghton	Ablett	Marsh	Tanner	Rosenthal	Dalglish	
1	2	3	4	5	6	7	8	9	10	11												1
1	2	3	4	5	6	7	8	9	10	11												2
1	2	3	4	5	6	7*		9	10	11	12	8										3
1	2	3	4	5	6	7		9	10	11		8										4
1	2	3	4	5	6	7*		9	10	11†	12	8	14									5
1	2	3	4	5	6	7		9	10	11		8										6
1	2	3	4	5	6	7	8	9	10	11												7
1	2	3	4	5	6	7	8		10	11			9									8
1	2	3	4	5	6	7	8*	9	10	11				12								9
1	2	3		5		7	4*	9	10	11			12	8	6							10
1	2	3		5	6	7		9	10	11*		12		8	4							11
1	2	3	4*	5	6	7		9	10	11		12		8								12
1	2			5	6		7	9	10	11			4	3	8							13
1	2	4		5	6	12	7*	9	10	11				3	8							14
1		12		5		7		9	10*	11		2	6	3	8	4						15
1	2			5		7		9		11		6†	10	3*	8	4	12	14				16
1	2			5		7		9	10*	11			6	3	8	4		12				17
1	2		12	5	6	7	3	9		11		10*		8	4							18
1	2		12	5	6*	7	3	9		11		10		8	4							19
1	2	12	4	5		7	3*	9		11†			10	14	8	6						20
1	2		4	5	6	12	3	9	10	14			11†	8		7*						21
1	2	8	4	5	6	7	3	9	10	11												22
1	2	12	4	5	6	7	3	9	10	11				8*								23
1	2		4	5	6	7	3	9	10	11				8								24
1	2	8	4	5	6	7	3	9	10	11												25
1	2	8	4	5	6	7	3	9	10	11												26
1		8*	4	5	6	7	3	9	10	11		2			12							27
1	2			5	6	7	3	9	10	11			4	8								28
1	2			5	6	7	3	9	10	11			4	8								29
1	2			5	6	7	3*	9	10	11†		12		4	8			14				30
1	2	3		5	6			9	10	11		4		7	8							31
1		3		5	6		2*		10	11†			12	7		4	14	8	9			32
1	2	3		5	6			9	10	11			4		12		7*	8				33
1	2	3	4	5*	6			9	10	11			12	8†		7		14				34
1	2	3	4		6			9	10	11		5*	7			12		8				35
1	2	3*	4		6†		5	9	10	11		14	7		12			8				36
1	2						3	9	10	11		5	7†	6*	8	4		12	14			37
1	2						3	9	10	11		5	7	6		4		8				38
38	25	23	21	34	31	27	25	36	34	37		11	12	18	16	13		2	5			
		3	2		2					1	2	2	5	2	3	2	2	2	3	1		
	1		6	1		10		18	22	5	1	4	1		1			7				

1990-91

#	Month	Date	H/A	Opponent	Result	Score	Scorers	Attendance
1	Aug	25	(a)	Sheffield U	W	3-1	Barnes, Houghton, Rush	27,009
2		28	(h)	Nottingham F	W	2-0	Rush, Beardsley	33,663
3	Sep	1	(h)	Aston Villa	W	2-1	Beardsley, Barnes	38,061
4		8	(a)	Wimbledon	W	2-1	Barnes, Whelan	12,364
5		16	(h)	Manchester U	W	4-0	Beardsley 3, Barnes	35,726
6		22	(a)	Everton	W	3-2	Beardsley 2, Barnes	39,847
7		29	(a)	Sunderland	W	1-0	Houghton	31,107
8	Oct	6	(h)	Derby Co	W	2-0	Houghton, Beardsley	37,076
9		20	(a)	Norwich C	D	1-1	Gillespie	21,275
10		27	(h)	Chelsea	W	2-0	Rush, Nicol	38,463
11	Nov	4	(a)	Tottenham H	W	3-1	Rush 2, Beardsley	35,003
12		10	(h)	Luton T	W	4-0	Rush 2, Molby (pen), Beardsley	35,207
13		17	(a)	Coventry C	W	1-0	Beardsley	22,571
14		24	(h)	Manchester C	D	2-2	Rush, Rosenthal	37,849
15	Dec	2	(a)	Arsenal	L	0-3		40,419
16		15	(h)	Sheffield U	W	2-0	Barnes, Rush	33,516
17		22	(h)	Southampton	W	3-2	Rosenthal 2, Houghton	31,894
18		26	(a)	QPR	D	1-1	Barnes	17,848
19		30	(a)	Crystal Palace	L	0-1		26,280
20	Jan	1	(h)	Leeds U	W	3-0	Barnes, Rosenthal, Rush	36,975
21		12	(a)	Aston Villa	D	0-0		40,026
22		19	(h)	Wimbledon	D	1-1	Barnes	35,030
23	Feb	3	(a)	Manchester U	D	1-1	Speedie	43,690
24		9	(h)	Everton	W	3-1	Molby, Speedie 2	38,127
25		23	(a)	Luton T	L	1-3	Molby (pen)	12,032
26	Mar	3	(h)	Arsenal	L	0-1		37,221
27		9	(a)	Manchester C	W	3-0	Molby 2 (2 pens), Barnes	35,150
28		16	(h)	Sunderland	W	2-1	Rush, Owers (og)	37,582
29		23	(a)	Derby Co	W	7-1	Molby (pen), Barnes 2, Rush, Nicol 2, Houghton	20,531
30		30	(h)	QPR	L	1-3	Molby (pen)	37,251
31	Apr	1	(a)	Southampton	L	0-1		20,255
32		9	(h)	Coventry C	D	1-1	Rush	31,063
33		13	(a)	Leeds U	W	5-4	Houghton, Molby (pen), Speedie, Barnes 2	31,460
34		20	(h)	Norwich C	W	3-0	Barnes, Houghton, Rush	37,065
35		23	(h)	Crystal Palace	W	3-0	Rush, Barnes, McGoldrick (og)	36,767
36	May	4	(a)	Chelsea	L	2-4	Speedie, Rosenthal	32,266
37		6	(a)	Nottingham F	L	1-2	Molby (pen)	26,151
38		11	(h)	Tottenham H	W	2-0	Rush, Speedie	36,192

FINAL LEAGUE POSITION : 2nd in Division One

Appearances
Sub. Appearances
Goals

Grobbelaar	Hysen	Burrows	Nicol	Whelan	Molby	Gillespie	Houghton	Rush	Barnes	McMahon	Rosenthal	Venison	Beardsley	Ablett	Staunton	McManaman	Carter	Speedie	Hooper	Marsh		
1	2	3	4	5	6*	7	8	9	10	11	12											1
1	2	3		5		6	8	9	10	11	12	4	7*									2
1	2		4	5		6	8	9	10	11			7	3								3
1	2	3	4	5	8	6		9	10	11			7									4
1	2	3	4	5		6	8	9	10	11			7									5
1	2	3		5		6	8	9	10	11		4	7									6
1	2	3	4	5		6	8	9	10	11			7									7
1		3	4	5		6	8	9	10	11			7	2								8
1	2	3	4			6	8	9	10	11		5*	7		12							9
1	2	3	4		14	6†	8	9	10*	11†	12		7		5							10
1	2	3	4		7	6		9	10*	11			12	8	5							11
1	2	3	4†		10	6	8	9		11	12		7*	5	14							12
1	2	3	4	5		6	8	9		11			7	10								13
1	2	3		5	14	6	8	9	10	11*	12		7	4								14
1	2	3	4	5	11*	6	14	9	10		12	8†	7									15
1	2	3	4	5		6	8	9	10	11			7*		12							16
1	2	3	4			6	8	9	10	11	7		5									17
1	2	3	4			6	8	9	10	11	7		5									18
1	2	3	4		5	6	8*	9	10	11	12		7									19
1	2	3	4			6	8	9	10	11	7		5									20
1	2	3	4		8	6		9	10	11	12			5	7*							21
1		3	4		8*	6		9	10	11	12			2	5	7						22
1	2	3	4	5	12			9	10	11*				6	8		7					23
1	2	3	4	5†	11			10				9	12	6	8	14	7*					24
	2		4		5		8	9	10		3	7	6	11*			12	1				25
1	2	3	4		5	11*	8	9	10				7	6			12					26
1	2	3	4		5		8	9*	10		12		7	6			11					27
	2	3	4		5		8	9	10				7*	6	12		11	1				28
	2	3	4		5*	11	8	9	10				7	6	12			1				29
	2	3	4		5	11	8	9			12		7	6	10*			1				30
	2	14	4		5	11†	8	9	10				7	6	3*		12	1				31
	2		4		5	11	8†	9	10				7	6	3*		14	12	1			32
	2	6	4		5		8	9	10				7		3			11	1			33
1		3	4		5	11	8	9	10				7	2	6							34
1		3	4		5	11	8	9	10				7	2	6							35
1		3	4		5	2†	8	9	10		12		7		6	14*	11					36
1		3	4		5		8	9	10		7*			2	6		11		12			37
1	5	3†	4				8	9	10*				12	2	6	14	11		7			38
31	32	34	35	14	22	30	31	37	35	22	4	6	24	23	20		2	8	7	1		
				1		3		1			12	3		4	2	3	4		1			
		3	1	9	1	7	16	16		5	11					6						

1991-92

1	Aug	17	(h)	Oldham A	W	2-1	Houghton, Barnes	38,841
2		21	(a)	Manchester C	L	1-2	McManaman	37,322
3		24	(a)	Luton T	D	0-0		11,132
4		27	(h)	QPR	W	1-0	Saunders	32,700
5		31	(h)	Everton	W	3-1	Burrows, Saunders, Houghton	39,072
6	Sep	7	(a)	Notts Co	W	2-1	Rosenthal, Walters (pen)	16,051
7		14	(h)	Aston Villa	D	1-1	Walters (pen)	38,400
8		21	(a)	Leeds U	L	0-1		32,917
9		28	(h)	Sheffield W	D	1-1	Houghton	37,071
10	Oct	6	(a)	Manchester U	D	0-0		44,997
11		19	(a)	Chelsea	D	2-2	McManaman, Elliott (og)	30,230
12		26	(h)	Coventry C	W	1-0	Houghton	33,339
13	Nov	2	(h)	Crystal Palace	L	1-2	Hysen	34,231
14		17	(a)	West Ham U	D	0-0		23,569
15		23	(a)	Wimbledon	D	0-0		13,373
16		30	(h)	Norwich C	W	2-1	Molby, Houghton	34,881
17	Dec	7	(a)	Southampton	D	1-1	Redknapp	10,053
18		13	(h)	Nottingham F	W	2-0	McMahon, Molby	35,285
19		18	(a)	Tottenham H	W	2-1	Saunders, Houghton	27,434
20		20	(h)	Manchester C	D	2-2	Saunders, Nicol	36,743
21		26	(a)	QPR	D	0-0		21,693
22		28	(a)	Everton	D	1-1	Tanner	37,681
23	Jan	1	(h)	Sheffield U	W	2-1	Houghton, Saunders	35,993
24		11	(h)	Luton T	W	2-1	McManaman, Saunders	35,095
25		18	(a)	Oldham A	W	3-2	McManaman, Saunders, Thomas	18,952
26		29	(h)	Arsenal	W	2-0	Molby (pen), Houghton	33,753
27	Feb	1	(h)	Chelsea	L	1-2	Rosenthal	38,681
28		8	(a)	Coventry C	D	0-0		21,540
29		22	(a)	Norwich C	L	0-3		20,411
30		29	(h)	Southampton	D	0-0		34,449
31	Mar	11	(h)	West Ham U	W	1-0	Saunders	30,821
32		14	(a)	Crystal Palace	L	0-1		23,680
33		21	(h)	Tottenham H	W	2-1	Saunders 2	36,968
34		28	(a)	Sheffield U	L	0-2		26,943
35		31	(h)	Notts Co	W	4-0	Thomas, McManaman, Rush, Venison	25,457
36	Apr	8	(h)	Wimbledon	L	2-3	Thomas, Rosenthal	26,134
37		11	(a)	Aston Villa	L	0-1		35,755
38		18	(h)	Leeds U	D	0-0		37,186
39		20	(a)	Arsenal	L	0-4		38,517
40		22	(a)	NottinghamF	D	1-1	Rush	23,787
41		26	(h)	Manchester U	W	2-0	Rush, Walters	38,669
42	May	2	(a)	Sheffield W	D	0-0		34,861

FINAL LEAGUE POSITION : 6th in Division One

Appearances
Sub. Appearances
Goals

Grobbelaar	Ablett	Burrows	Nicol	Whelan	Wright	Saunders	Houghton	McManaman	Barnes	McMahon	Walters	Marsh	Tanner	Rosenthal	Harkness	Rush	Hooper	Jones R	Hysen	Molby	Redknapp	Thomas	Venison	Kozma	Hutchison	
1	2	3	4	5	6	7	8	9	10	11*	12															1
1	2	3	4	5	6†	7	8	9	10*	11	12	14														2
1	2	3	4	5†		7	8	9		11	10*	14	6	12												3
1		3	4			7	8	9		11	10*	5	2	12	6											4
1	2	3	4	5†		7	8	9		11	10*	14	6	12												5
1	2	3	4			7	8	9			10	5	6	12	11*											6
1	2	3	4			7*	8	9			10	5	6	11†	14	12										7
1	2	3	4			7	8	11			10*	5	6†	12	14	9										8
1	14	3	4			7	8	10		11	12	5*	6†		2	9										9
	2	3	4			7*	8	12		11	10	14	6			9	1	5†								10
1		3	4			7	8	5		11	10		6			9		2								11
1		3				7*	8			11	10		6	12	14	9		2	4	5†						12
1	10	3				7	8			11			6	12		9		2	4	5*						13
1		3	4					7		11	10	8	6			9		2		5						14
1	10	3	4				7			11			8	6	9*			2	12	5						15
1	2	3	4		5	7	8	9		11*		12	6						10							16
1		3	4		5	7	8	9			11	6		2†			14	10*	12							17
1		3	4		5	7	8	9		11			6				2	10								18
1		3	4		5	7	8	9		11†		14	6				2	10*		12						19
1		3	4		5	7	8	9†		11*	12	14	6				2			10						20
1		3*	4		5	7	8					9	6				2		10	11	12					21
1	3		4		5*	7	8	12				9	6				2		10	11						22
1	3		4		5	7	8	12				9*	6				2		10	11						23
1			4		5	7	8	9	10				6	12			2		3*	11						24
1			4		5	7	8	9	10*			12	6	3			2			11						25
1			4		5	7	8			9		12	6	3			2		10	11*						26
1	3			5†	7	8	11			9*	12	6	4				2		10			14				27
1	3			5	7	8	11			9*	4	6†	12	14			2		10							28
1				5	7†	8	11				14	4			12	3	9		2	10			6*			29
1	3	4		5	7		11*				6		12				2†	10	9		14	8				30
1		4		6	7	8†	11	10*			14		12				2		5	9	3					31
1		4		6				10			7*	11		12			2		14	5†	9	3	8			32
1	3	4	14		7		12	10			8*	6				9	2		5†		11					33
1	3	4	5			8	7						12			9	2		10	11*	6					34
1	3		5			7*			8	6						9†	2		10	11	4	12	14			35
1			5		7	8			9	12	4	6*					2		10	11	3					36
1		4	5		7	8			9†	12	6					2*		10	11	3	14					37
1	3	4			7	8		10		12						9	2		5	11*	6					38
		4			7†	8		10	12	11	3					9	1	2*	5			6		14		39
		4				8		10		11	7	3		2	9	1			5			6				40
	3			6	7	8		10		12		4†				9*	1	2	5		11	14				41
	3	4	5†	6		8		10*		7	12			2	9	1			11				14			42
37	13	30	34	9	21	36	36	26	12	15	18	19	32	7	7	16	5	28	3	25	5	16	9	3		
	1			1				4				7	15			13	4	2		2	1	1	1	4	2	3	
		1	1			10	8	5	1	1	3		1	3		3		1	3	1	3	1				

55

1992-93

1	Aug	16	(a)	Nottingham F	L	0-1			20,038
2		19	(h)	Sheffield U	W	2-1	Walters, Stewart		33,107
3		23	(h)	Arsenal	L	0-2			34,961
4		25	(a)	Ipswich T	D	2-2	Walters, Molby (pen)		20,109
5		29	(a)	Leeds U	D	2-2	Whelan, Molby (pen)		29,597
6	Sep	1	(h)	Southampton	D	1-1	Wright		30,024
7		5	(h)	Chelsea	W	2-1	Saunders, Redknapp		34,199
8		12	(a)	Sheffield U	L	0-1			20,632
9		19	(a)	Aston Villa	L	2-4	Walters, Rosenthal		37,863
10		26	(h)	Wimbledon	L	2-3	Molby (pen), McManaman		29,574
11	Oct	3	(h)	Sheffield W	W	1-0	Hutchison		35,785
12		18	(a)	Manchester U	D	2-2	Hutchison, Rush		33,243
13		25	(h)	Norwich C	W	4-1	Thomas, Hutchison, Burrows, Walters (pen)		36,318
14		31	(a)	Tottenham H	L	0-2			32,917
15	Nov	7	(h)	Middlesbrough	W	4-1	Rosenthal 2, McManaman, Rush		34,974
16		23	(a)	QPR	W	1-0	Rosenthal		21,056
17		28	(h)	Crystal Palace	W	5-0	McManaman 2, Marsh, Rosenthal, Hutchison		36,380
18	Dec	7	(a)	Everton	L	1-2	Wright		35,826
19		13	(h)	Blackburn R	W	2-1	Walters 2		43,668
20		19	(a)	Coventry C	L	1-5	Redknapp		19,779
21		28	(h)	Manchester C	D	1-1	Rush		43,037
22	Jan	9	(h)	Aston Villa	L	1-2	Barnes		40,826
23		16	(a)	Wimbledon	L	0-2			11,294
24		31	(a)	Arsenal	W	1-0	Barnes (pen)		27,580
25	Feb	6	(h)	Nottingham F	D	0-0			40,463
26		10	(a)	Chelsea	D	0-0			20,981
27		13	(a)	Southampton	L	1-2	Hutchison		17,216
28		20	(h)	Ipswich T	D	0-0			36,680
29		27	(a)	Sheffield W	D	1-1	Hutchison		33,964
30	Mar	6	(h)	Manchester U	L	1-2	Rush		44,374
31		10	(h)	QPR	W	1-0	Rush		30,370
32		13	(a)	Middlesbrough	W	2-1	Hutchison, Rush		22,463
33		20	(h)	Everton	W	1-0	Rosenthal		44,619
34		23	(a)	Crystal Palace	D	1-1	Rush		18,688
35	Apr	3	(a)	Blackburn R	L	1-4	Rush		15,032
36		10	(h)	Oldham A	W	1-0	Rush		36,129
37		12	(a)	Manchester C	D	1-1	Rush		28,098
38		17	(h)	Coventry C	W	4-0	Walters 3 (1 pen), Burrows		33,328
39		21	(h)	Leeds U	W	2-0	Barnes, Walters (pen)		34,992
40	May	1	(a)	Norwich C	L	0-1			20,610
41		5	(a)	Oldham A	L	2-3	Rush 2		15,381
42		8	(h)	Tottenham H	W	6-2	Rush 2, Barnes 2, Harkness, Walters (pen)		43,385

FINAL LEAGUE POSITION : 6th in Premier League

Appearances
Sub Appearances
Goals

James	Tanner	Burrows	Nicol	Whelan	Wright	Saunders	Stewart	Rush	Walters	Thomas	McManaman	Rosenthal	Jones	Molby	Marsh	Harkness	Redknapp	Piechnik	Hutchison	Grobbelaar	Kozma	Hooper	Barnes	Bjornebye				
1	2	3	4	5	6	7	8	9*	10†	11	12	14																1
1		3	4	5	6	7*	8		10	11	9	12	2															2
1	8	3		5	6	7			10	11†	9	12	2*	4	14													3
1		3		5	6	7*	8	9	11		12		2	10		4												4
1		3		5	6	7*	8†	9	12				2	10	14	4	11											5
1		3		5	6			9	11	12	7		2	10		4	8*											6
1		3		5	6	7		9	12		11*		2	10		4	8											7
1		3	4	5*	6		8	9	11			7		12	14	2	10†											8
1		3	4		6				11			7		10	8		5	2	9									9
		3			6				11*		8	7		10	2		5	4	9	1	12							10
		3	4				8*	9	11			7	12		2		10	5	6	1								11
	14	3	4					9		12	7	11		10†	2		8*	5	6	1								12
		3	4		12				8	11	7	9			2*		10	5	6	1								13
1	14	3			5		12	9	8†	11	7			2			10*	4	6									14
		3	4				11	9			7	10		2			8	5	6		1							15
		3	4					9*			7	11	10	2			8	5	6		1	12						16
		3	4				12				7	9*	11	2			8	5	6		1	10						17
			4		3		12		14		7	9†	11	2			8	5	6*		1	10						18
			4		3			9	12		7	6*	11	2			8	5			1	10						19
					6		7	9	11			3*		2			8	5	12		1	10	4					20
			4					9	11		7		3	2			8	5			1	10	6					21
							4		14	11	7	9†	3	2			8*	5	12		1	10	6					22
1					6		4	7*				12	3	2	14	8	5†	9				10	11					23
1			4		5		11	9			7		3	2*		8		12				10	6					24
1			4		5		11	9	12		7		3	2*		8						10	6					25
1			4		5		11	9			7	8*	3	2				12				10	6					26
1			4		5		11	9			7		3	2*		12		8				10	6					27
1			4		5		11	9	12		7		3		14	2		8*				10	6†					28
1			4		5		11		9		7		3		12	2		8				10	6*					29
1		14	4		5		11*	12	9†		7		3			2		8				10	6					30
1		11	4	6	5			9			7	12	3	2*				8				10						31
1		2	4	6	5			9	12		7†	11*	3				14	8				10						32
1		2	4	6	5†			9	11		7*	12		14		3		8				10						33
1		2	4	6				9	11		12	7*			5	3		8				10						34
1		3	4	6				9	11		12	7*			2	5		8				10						35
1		3	4	6	5			9	11		7*	12	2					8				10						36
1		3	4	6	5			9	11			7*	2		12			8				10						37
1		3	4	6	5		7*	9	11			12	2					8				10						38
1		3	4	6	5		7	9	11				2					8				10						39
1		3	4		5		7*	9	11			12	2			6†		8			14	10						40
1		3	4		5†		7*	9	11			12	2			6	14	8				10						41
		3	4		5			9	11				2			7	6	8	1			10						42
29	2	29	32	17	32	6	21	31	26	6	27	16	30	8	22	9	27	15	27	5	8	26	11					
	2	1		1			3	1	8	2	4	11		2	6	1	2	1	4		1	1	1					
		2		1	2	1	1	14	11	1	4	6		3	1	1	2		7			5						

57

1993-94

#	Month	Date	H/A	Opponent	Result	Score	Scorers	Attendance
1	Aug	14	(h)	Sheffield W	W	2-0	Clough 2	44,004
2		18	(a)	Q.P.R.	W	3-1	Nicol, Clough, Rush	19,635
3		22	(a)	Swindon T	W	5-0	Ruddock, Whelan, McManaman 2, Marsh	17,017
4		25	(h)	Tottenham H	L	1-2	Clough	42,456
5		28	(h)	Leeds U	W	2-0	Molby, Rush	44,068
6	Sep	1	(a)	Coventry C	L	0-1		16,740
7		12	(h)	Blackburn R	L	0-1		37,355
8		18	(a)	Everton	L	0-2		38,157
9		25	(a)	Chelsea	L	0-1		31,271
10	Oct	2	(h)	Arsenal	D	0-0		42,750
11		16	(h)	Oldham Ath	W	2-1	Fowler, Barlow (og)	32,661
12		23	(a)	Manchester C	D	1-1	Rush	30,403
13		30	(h)	Southampton	W	4-2	Rush, Fowler 3	32,818
14	Nov	6	(h)	West Ham U	W	2-0	Clough, Martin (og)	42,254
15		21	(a)	Newcastle U	L	0-3		36,374
16		28	(h)	Aston Villa	W	2-1	Redknapp, Fowler	38,484
17	Dec	4	(a)	Sheffield W	L	1-3	Fowler	32,177
18		8	(h)	Q.P.R.	W	3-2	Molby (pen), Barnes, Rush	24,561
19		11	(h)	Swindon T	D	2-2	Wright, Barnes	32,739
20		18	(a)	Tottenham H	D	3-3	Redknapp, Fowler 2	31,394
21		26	(a)	Sheffield U	D	0-0		22,932
22		28	(h)	Wimbledon	D	1-1	Scales (og)	32,232
23	Jan	1	(a)	Ipswich T	W	2-1	Ruddock, Rush	22,355
24		4	(h)	Manchester U	D	3-3	Ruddock, Clough 2	42,795
25		15	(a)	Oldham Ath	W	3-0	Dicks, Redknapp, Fowler	14,573
26		22	(h)	Manchester C	W	2-1	Rush 2	41,872
27	Feb	5	(a)	Norwich C	D	2-2	Barnes, Culverhouse (og)	19,746
28		14	(a)	Southampton	L	2-4	Dicks (pen), Rush	18,306
29		19	(a)	Leeds U	L	0-2		40,053
30		26	(h)	Coventry C	W	1-0	Rush	38,547
31	Mar	5	(a)	Blackburn R	L	0-2		20,831
32		13	(h)	Everton	W	2-1	Rush, Fowler	44,281
33		19	(h)	Chelsea	W	2-1	Rush, Burley (og)	38,629
34		26	(a)	Arsenal	L	0-1		35,556
35		30	(a)	Manchester U	L	0-1		44,751
36	Apr	2	(h)	Sheffield U	L	1-2	Rush	36,642
37		4	(a)	Wimbledon	D	1-1	Redknapp	13,819
38		9	(h)	Ipswich T	W	1-0	Dicks (pen)	30,485
39		16	(h)	Newcastle U	L	0-2		44,601
40		23	(a)	West Ham U	W	2-1	Rush, Fowler	26,096
41		30	(h)	Norwich C	L	0-1		44,339
42	May	7	(a)	Aston Villa	L	1-2	Fowler	45,347

FINAL LEAGUE POSITION: 8th in F.A. Premiership

Appearances
Sub. Appearances
Goals

58

Grobbelaar	Jones	Bjornebye	Nicol	Wright	Ruddock	Clough	Molby	Rush	Whelan	Walters	Redknapp	McManaman	Burrows	Marsh	Hutchison	Rosenthal	Dicks	Stewart	Fowler	Matteo	Harkness	Piechnik	Barnes	Thomas	James		
1	2	3	4	5	6	7	8*	9	10	11	12																1
1	2	3	4	5	6	7†	8	9	10		12	11															2
1	2	3*	4	5	6†	7	8	9	10			11	12	14													3
1	2		4	5	6	7	8	9	10	12		11	3*														4
1	2			5	6	7	8	9	10			11	3	12	4*												5
1	2		4	5	6	7	8	9	10	12		11	3*														6
1	2	3*	4	5	6	7	8	9†	10		14	11				12											7
1			2	5	6	7		9	10	11*	4	8†				12	3	14									8
1	2			5	6	7		9			4	12		10*			3	8	11								9
1	2			5	6	7		9			4			10			3	8	11								10
1	2		12	5	6	7		9		14	4			10*			3†	8	11								11
1	2	3	4	5	6			9		7*	12			14				8†	11	10							12
1	2	3*	4	5	6			9								12		8	11	10	7						13
1	2*	14	4†	5	6	7		9			12							8	11	10	3						14
1			2		6	7		9			4							8	11	10	3	5*	12				15
1			2	5	6		7*	9		12	4								11	10	3		8				16
1	2		4*	5	6	9	7			12									11	10	3		8				17
1	2		12	5	6		7	9			4	10							11		3		8*				18
1	2		12	5	6		7	9			4	10							11		3*		8				19
1	2		6	5		12		9		14	4	10							11	7†	3		8*				20
1	2		4	5	6	7		9*		12	8	10					3		11								21
1	2		3*	5	6	7		9		12	8	10							11	4							22
1	2	12		5	6	7		9			8	10†							11	4*	3		14				23
1	2	12		5	6	7		9			4	10*					3		11				8				24
1	2		5		6	7		9			4	10					3		11				8*	12			25
1	2		5		6	7		9		11	4	10					3						8				26
1	2			5		7		9	4	11		10					3		6				8				27
1	2		4	5		7*		9	6	11	12	10					3						8				28
1†	2			5	6			9	4	12	7	10					3		11*				8		14		29
	2			5	6			9	4	11	7	10					3						8		1		30
	2			5	6	11*		9	4	12	7	10					3						8		1		31
	2			5	6			9	4		7	10					3		11				8*	12	1		32
	2			5	6			9	4		7	10					3		11				8*	12	1		33
	2		12	5†	6			9	4		7	10					3		11†				8	14	1		34
	2		5		6			9	4		7	10					3		12				8	11*	1		35
	2		5		6			9	4*		7	10		14			3		11				8†	12	1		36
	2		5		6			9	4		7	10					3		11				8		1		37
	2		5		6			9	4		7	10		12			3		11*				8		1		38
	2		5		6			9	4		7	10*		14			3		11†				8	14	1		39
			5		6	10		9			7			4			3		11		3		8		1		40
	2		5		6	10*		9	4		7			12			3		11				8		1		41
	2		5		6			9	4		7			10			3		11				8		1		42
29	38	6	27	31	39	25	11	41	23	7	29	29	3	-	6	-	24	7	27	11	10	1	24	1	13		
		3	4			1				10	6	1	1	2	5	3		1	1				2	6	1		
			1	1	3	7	2	13	1		4	2		1			3		12				3				

1994-95

1	Aug	20	(a)	Crystal Palace	W	6-1	Molby (pen), McManaman 2, Fowler, Rush 2	18,084
2		28	(h)	Arsenal	W	3-0	Fowler 3	30,017
3		31	(a)	Southampton	W	2-0	Fowler, Barnes	15,190
4	Sep	10	(h)	West Ham U	D	0-0		30,907
5		17	(a)	Manchester U	L	0-2		43,740
6		24	(a)	Newcastle U	D	1-1	Rush	34,435
7	Oct	1	(h)	Sheffield W	W	4-1	McManaman 2, Walker (og), Rush	31,493
8		8	(h)	Aston Villa	W	3-2	Ruddock, Fowler 2	32,158
9		15	(a)	Blackburn R	L	2-3	Fowler, Barnes	30,263
10		22	(h)	Wimbledon	W	3-0	McManaman, Fowler, Barnes	31,139
11		29	(a)	Ipswich T	W	3-1	Barnes, Fowler 2	22,379
12		31	(a)	QPR	L	1-2	Barnes	18,295
13	Nov	5	(h)	Nottingham F	W	1-0	Fowler	33,329
14		9	(h)	Chelsea	W	3-1	Fowler 2, Ruddock	32,885
15		21	(a)	Everton	L	0-2		39,866
16		26	(h)	Tottenham H	D	1-1	Fowler (pen)	35,007
17	Dec	3	(a)	Coventry C	D	1-1	Rush	21,032
18		11	(h)	Crystal Palace	D	0-0		30,972
19		18	(a)	Chelsea	D	0-0		27,050
20		26	(a)	Leicester C	W	2-1	Fowler (pen), Rush	21,393
21		28	(h)	Manchester C	W	2-0	Phelan (og), Fowler	38,122
22		31	(a)	Leeds U	W	2-0	Redknapp, Fowler	38,468
23	Jan	2	(h)	Norwich C	W	4-0	Scales, Fowler 2, Rush	34,709
24		14	(h)	Ipswich T	L	0-1		32,733
25		24	(h)	Everton	D	0-0		39,505
26	Feb	4	(a)	Nottingham F	D	1-1	Fowler	25,418
27		11	(h)	QPR	D	1-1	Scales	35,996
28		25	(a)	Sheffield W	W	2-1	Barnes, McManaman	31,964
29	Mar	4	(h)	Newcastle U	W	2-0	Fowler, Rush	39,300
30		14	(h)	Coventry C	L	2-3	Molby (pen), Burrows (og)	27,183
31		19	(h)	Manchester U	W	2-0	Bruce (og), Redknapp	38,906
32		22	(a)	Tottenham H	D	0-0		31,988
33	Apr	5	(h)	Southampton	W	3-1	Rush 2, Fowler (pen)	29,881
34		9	(h)	Leeds U	L	0-1		37,454
35		12	(a)	Arsenal	W	1-0	Fowler	38,036
36		14	(a)	Manchester C	L	1-2	McManaman	27,055
37		17	(h)	Leicester C	W	2-0	Fowler, Rush	36,012
38		29	(a)	Norwich C	W	2-1	Harkness, Rush	21,843
39	May	2	(a)	Wimbledon	D	0-0		12,041
40		6	(a)	Aston Villa	L	0-2		40,154
41		10	(a)	West Ham U	L	0-3		22,446
42		14	(h)	Blackburn R	W	2-1	Barnes, Redknapp	40,014

FINAL LEAGUE POSITION : 4th in F.A. Carling Premiership

Appearances
Sub. Appearances
Goals

James	Jones R	Bjornebye	Nicol	Molby	Ruddock	McManaman	Redknapp	Rush	Barnes	Fowler	Thomas	Scales	Babb	Clough	Jones P	Harkness	Walters	Matteo	Wright	Kennedy		
1	2	3	4	5*	6	7	8	9	10	11	12											1
1	2	3	4	5*	6	7	8	9	10	11	12											2
1	2	3	4	5	6	7	8	9	10	11												3
1	2	3		5	6	7	8	9	10	11		4										4
1	2	3		5*	6	7	8	9	10	11		4	12									5
1	2	3		8	6	7		9*	10	11		4	5	12								6
1	2	3	4	8	6	7	12	9	10	11*			5									7
1	2	3		8	6	7	12	9*	10	11		4	5									8
1	2	3*		8	6	7	12	9	10	11		4	5									9
1	2	3			6	7	8	9*	10	11†		4	5	12	14							10
1	2	3			6	7	8	9	10	11		4	5									11
1	2	3		12	6	7	8	9	10	11		4	5*									12
1	2	3		12	6	7	8	9	10	11		4*	5									13
1	2	3		4	6	7	8	9	10	11			5									14
1	2	3*		8	6	7	12	9	10	11		4	5									15
1	2	3			6	7	8	9	10*	11	12	4	5									16
1		2*			6	7	8	9		11	10	4	5			3	12					17
1		2*			6		8		10	11	7	4	5	9		3	12					18
1		3			6		8	9	10	11	2	4	5				7					19
1	2*	3			6	7	8	9	10	11	12	4	5									20
1	2	3			6	7	8	9	10	11		4	5									21
1	2	3			6	7	8	9	10	11		4	5									22
1	2	3*			6	7	8	9	10	11		4	5									23
1	2	3			6	7	8	9		11	10	4	5				12					24
1	2				6	7	8	9	10	11		4	5									25
1	2	3†			6	7	8*	9	10	11	12	4	5				14	3†				26
1	2	3			6	7	12	9	10	11	8*	4	5				14					27
1	2					7	6		10	9	8	4	5				11*	12				28
1	2	3*		5	6	7	4	9	10	11	12	5	3				8*					29
1	2	3			6	7	8	9		11	10	4					12					30
1		3			6	7	8	9*	10†	11	14	4	5				12		2			31
1	2	3*			6	7	8			11	9	4	5	12			10*					32
1	2				6	7	8	9	10	11		4	5				12					33
1	2				6	7	4	9	10	11		5	3				8*			12		34
1	2†				6	7	4		10	8	9	5*	3				12		14	11		35
1					6	7†	4	9	10	8	5		3	12			14*	2	11			36
1					6	7	4	9	10	8	2			12	3			5	11*			37
1						7	8	9	10*	11†	2	4	5	12		3	14		6			38
1					6*	7	4	9	10	11	2	5				3	8	12				39
1						7	4	9*	10	11	2	5			12	3	8†	14	6			40
1						7	8		10	11*	2	4	5	9		6	12	3†		14		41
1						7	6		10	8	2	4*	5	9		3		12		11		42
42	31	31	4	12	37	40	36	36	38	42	16	35	33	3		8	7	2	5	4		
				2			5				7			1	7	1	11	5	1	2		
		2	2	7	3	12	7	25		2					1							

61

F.A. CUP COMPETITION

1970/71 SEASON
3rd Round
Jan 2 vs Aldershot (h) 1-0
Att: 45,500 McLaughlin
4th Round
Jan 23 vs Swansea City (h) 3-0
Att: 47,229 Toshack, St. John, Lawler
5th Round
Feb 13 vs Southampton (h) 1-0
Att: 50,226 Lawler
6th Round
Mar 6 vs Tottenham Hotspur (h) 0-0
Att: 54,731
Replay
Mar 16 vs Tottenham Hotspur (a) 1-0
Att: 56,283 Heighway
Semi-Final (at Old Trafford)
Mar 27 vs Everton 2-1
Att: 62,144 Evans, Hall
FINAL (at Wembley)
May 8 vs Arsenal 1-2 (aet.) (90 mins. 0-0)
Att: 100,000 Heighway

1971/72 SEASON
3rd Round
Jan 15 vs Oxford United (a) 3-0
Att: 18,000 Keegan 2, Lindsay
4th Round
Feb 5 vs Leeds United (h) 0-0
Att: 56,300
Replay
Feb 9 vs Leeds United (a) 0-2
Att: 45,821

1972/73 SEASON
3rd Round
Jan 13 vs Burnley (a) 0-0
Att: 35,730
Replay
Jan 16 vs Burnley (h) 3-0
Att: 56,124 Toshack 2, Cormack
4th Round
Feb 4 vs Manchester City (h) 0-0
Att: 56,296
Replay
Feb 7 vs Manchester City (a) 0-2
Att: 49,572

1973/74 SEASON
3rd Round
Jan 5 vs Doncaster Rovers (h) 2-2
Att: 31,483 Keegan 2
Replay
Jan 8 vs Doncaster Rovers (a) 2-0
Att: 22,499 Heighway, Cormack
4th Round
Jan 26 vs Carlisle United (h) 0-0
Att: 47,211
Replay
Jan 29 vs Carlisle United (a) 2-0
Att: 21,262 Boersma, Toshack
5th Round
Feb 16 vs Ipswich Town (h) 2-0
Att: 45,340 Hall, Keegan
6th Round
Mar 9 vs Bristol City (a) 1-0
Att: 37,671 Toshack
Semi-Final (at Old Trafford)
Mar 30 vs Leicester City 0-0
Att: 60,000
Replay (at Villa Park)
Apr 3 vs Leicester City 3-1
Att: 55,619 Hall, Keegan, Toshack

FINAL (at Wembley)
May 4 vs Newcastle United 3-0
Att: 100,000 Keegan 2, Heighway

1974/75 SEASON
3rd Round
Jan 4 vs Stoke City (h) 2-0
Att: 48,723 Heighway, Keegan
4th Round
Jan 25 vs Ipswich Town (a) 0-1
Att: 34,709

1975/76 SEASON
3rd Round
Jan 3 vs West Ham United (a) 2-0
Att: 32,363 Keegan, Toshack
4th Round
Jan 24 vs Derby County (a) 0-1
Att: 38,200

1976/77 SEASON
3rd Round
Jan 8 vs Crystal Palace (h) 0-0
Att: 44,730
Replay
Jan 11 vs Crystal Palace (a) 3-2
Att: 42,664 Keegan, Heighway 2
4th Round
Jan 29 vs Carlisle United (h) 3-0
Att: 45,358 Keegan, Toshack, Heighway
5th Round
Feb 26 vs Oldham Athletic (h) 3-1
Att: 52,455 Keegan, Case, Neal (pen)
6th Round
Mar 19 vs Middlesbrough (h) 2-0
Att: 55,881 Fairclough, Keegan
Semi-Final (at Maine Road)
Apr 23 vs Everton 2-2
Att: 52,637 McDermott, Case
Replay (at Maine Road)
Apr 27 vs Everton 3-0
Att: 52,579 Neal (pen), Case, Kennedy
FINAL (at Wembley)
May 21 vs Manchester United 1-2
Att: 100,000 Case

1977/78 SEASON
3rd Round
Jan 7 vs Chelsea (a) 2-4
Att: 45,449 Johnson, Dalglish

1978/79 SEASON
3rd Round
Jan 10 vs Southend United (a) 0-0
Att: 31,033
Replay
Jan 17 vs Southend United (h) 3-0
Att: 37,797 Case, Dalglish, Kennedy R
4th Round
Jan 30 vs Blackburn Rovers (h) 1-0
Att: 43,432 Dalglish
5th Round
Feb 28 vs Burnley (h) 3-0
Att: 47,161 Johnson 2, Souness
6th Round
Mar 10 vs Ipswich Town (a) 1-0
Att: 31,322 Dalglish
Semi-Final (at Maine Road)
Mar 31 vs Manchester United 2-2
Att: 52,584 Dalglish, Hansen
Semi-Final (at Goodison Park)
Apr 4 vs Manchester United 0-1
Att: 53,069

1979/80 SEASON
3rd Round
Jan 5 vs Grimsby Town (h) 5-0
Att: 49,706 Souness, Johnson 3, Case

4th Round
Jan 26 vs Nottingham Forest (a) 2-0
Att: 33,277 Dalglish, McDermott (pen)
5th Round
Feb 16 vs Bury (h) 2-0
Att: 43,769 Fairclough 2
6th Round
Mar 8 vs Tottenham Hotspur (a) 1-0
Att: 48,033 McDermott
Semi-Final (at Hillsborough)
Apr 12 vs Arsenal 0-0
Att: 50,174
Replay (at Villa Park)
Apr 16 vs Arsenal 1-1 (aet.)
Att: 40,679 Fairclough
2nd Replay (at Villa Park)
Apr 28 vs Arsenal 1-1 (aet.)
Att: 42,975 Dalglish
3rd Replay (at Coventry)
May 1 vs Arsenal 0-1
Att: 35,335

1980/81 SEASON
3rd Round
Jan 3 vs Altrincham (h) 4-1
Att: 37,170 McDermott, Dalglish 2, Kennedy R
4th Round
Jan 24 vs Everton (a) 1-2
Att: 53,084 Case

1981/82 SEASON
3rd Round
Jan 2 vs Swansea City (a) 4-0
Att: 24,179 Hansen, Rush 2, Lawrenson
4th Round
Jan 23 vs Sunderland (a) 3-0
Att: 28,582 Dalglish 2, Rush
5th Round
Feb 13 vs Chelsea (a) 0-2
Att: 41,422

1982/83 SEASON
3rd Round
Jan 8 vs Blackburn Rovers (a) 2-1
Att: 21,966 Hodgson, Rush
4th Round
Jan 29 vs Stoke City (h) 2-0
Att: 36,666 Dalglish, Rush
5th Round
Feb 20 vs Brighton & Hove Albion (h) 1-2
Att: 44,868 Johnston

1983/84 SEASON
3rd Round
Jan 6 vs Newcastle United (h) 4-0
Att: 33,566 Robinson, Rush 2, Johnston
4th Round
Jan 29 vs Brighton & Hove Albion (a) 0-2
Att: 19,057

1984/85 SEASON
3rd Round
Jan 5 vs Aston Villa (h) 3-0
Att: 36,877 Rush 2, Wark
4th Round
Jan 27 vs Tottenham Hotspur (h) 1-0
Att: 27,905 Rush
5th Round
Feb 15 vs York City (a) 1-1
Att: 13,485 Rush
Replay
Feb 20 vs York City (h) 7-0
Att: 43,010 Whelan 2, Wark 3, Neal, Walsh
6th Round
Mar 10 vs Barnsley (a) 4-0
Att: 19,838 Whelan, Rush 3

Semi-Final (at Goodison Park)
Apr 13 vs Man. Utd. 2-2 (aet.) (90 mins. 1-1)
Att: 51,690   Whelan, Walsh
Replay
Apr 17 vs Manchester United 1-2
Att: 45,775 (at Maine Road)   McGrath (og)

1985/86 SEASON
3rd Round
Jan 4 vs Norwich City (h) 5-0
Att: 29,082   MacDonald, Walsh, McMahon, Whelan, Wark
4th Round
Jan 26 vs Chelsea (a) 2-1
Att: 33,625   Rush, Lawrenson
5th Round
Feb 15 vs York City (a) 1-1
Att: 12,443   Molby (pen)
Replay
Feb 18 vs York City (h) 3-1
Att: 19,326   Wark, Molby, Dalglish
6th Round
Mar 11 vs Watford (h) 0-0
Att: 36,775
Replay
Mar 17 vs Watford (a) 2-1
Att: 28,097   Molby (pen), Rush
Semi-Final (at White Hart Lane)
Apr 5 vs Southampton 2-0 (aet.)
Att: 44,605   Rush 2
FINAL (at Wembley)
May 10 vs Everton 3-1
Att: 98,000   Rush 2, Johnston

1986/87 SEASON
3rd Round
Jan 11 vs Luton Town (a) 0-0
Att: 11,085
Replay
Jan 26 vs Luton Town (h) 0-0 (aet.)
Att: 34,822
2nd Replay
Jan 28 vs Luton Town (a) 0-3
Att: 14,687

1987/88 SEASON
3rd Round
Jan 9 vs Stoke City (a) 0-0
Att: 31,979
Replay
Jan 12 vs Stoke City (h) 1-0
Att: 39,147   Beardsley
4th Round
Jan 31 vs Aston Villa (a) 2-0
Att: 46,324   Barnes, Beardsley
5th Round
Feb 21 vs Everton (a) 1-0
Att: 48,270   Houghton
6th Round
Mar 13 vs Manchester City (a) 4-0
Att: 44,047   Houghton, Beardsley (pen), Johnston, Barnes
Semi-Final (at Hillsborough)
Apr 9 vs Nottingham Forest 2-1
Att: 51,627   Aldridge 2 (1 pen)
FINAL (at Wembley)
May 14 vs Wimbledon 0-1
Att: 98,203

1988/89 SEASON
3rd Round
Jan 7 vs Carlisle United (a) 3-0
Att: 18,556   Barnes, McMahon 2
4th Round
Jan 29 vs Millwall (a) 2-0
Att: 23,615   Aldridge, Rush

5th Round
Feb 18 vs Hull City (a) 3-2
Att: 20,058   Barnes, Aldridge 2
6th Round
Mar 18 vs Brentford (h) 4-0
Att: 42,376   McMahon, Barnes, Beardsley 2
Semi-Final (at Hillsborough)
Apr 15 vs Nottingham Forest
(Abandoned after 6 minutes)
Att: 53,000
Replay (at Olf Trafford)
May 7 vs Nottingham Forest 3-1
Att: 38,000   Aldridge 2, Laws (og)
FINAL (at Wembley)
May 20 vs Everton 3-2 (aet.) (90 mins. 1-1)
Att: 82,800   Aldridge, Rush 2

1989/90 SEASON
3rd Round
Jan 6 vs Swansea City (a) 0-0
Att: 16,098
Replay
Jan 9 vs Swansea City (h) 8-0
Att: 29,149   Barnes 2, Whelan, Beardsley, Nicol, Rush 3
4th Round
Jan 28 vs Norwich City (a) 0-0
Att: 23,162
Replay
Jan 31 vs Norwich City (h) 3-1
Att: 29,339   Nicol, Barnes, Beardsley (pen)
5th Round
Feb 17 vs Southampton (h) 3-0
Att: 35,961   Rush, Beardsley, Nicol
6th Round
Mar 11 vs Queens Park Rangers (a) 2-2
Att: 21,057   Barnes, Rush
Replay
Mar 14 vs Queens Park Rangers (h) 1-0
Att: 38,090   Beardsley
Semi-Final (at Villa Park)
Apr 8 vs Crystal Pal. 3-4 (aet.) (90 mins 3-3)
Att: 38,389   Rush, McMahon, Barnes (pen)

1990/91 SEASON
3rd Round
Jan 5 vs Blackburn Rovers (a) 1-1
Att: 18,845   Atkins (og)
Replay
Jan 8 vs Blackburn Rovers (h) 3-0
Att: 34,175   Houghton, Rush, Staunton
4th Round
Jan 26 vs Brighton & Hove Albion (h) 2-2
Att: 32,670   Rush 2
Replay
Jan 30 vs Brighton & Hove Albion (a) 3-2 (aet)
Att: 14,392   McMahon 2, Rush
5th Round
Feb 17 vs Everton (h) 0-0
Att: 38,323
Replay
Feb 20 vs Everton (a) 4-4 (aet.) (90 mins. 3-3)
Att: 37,766   Beardsley 2, Rush, Barnes
2nd Replay
Feb 27 vs Everton (a) 0-1
Att: 40,201

1991/92 SEASON
3rd Round
Jan 6 vs Crewe Alexandra (a) 4-0
Att: 7,457   McManaman, Barnes 3 (1 pen)
4th Round
Feb 5 vs Bristol Rovers (a) 1-1
Att: 9,464   Saunders

Replay
Feb 11 vs Bristol Rovers (h) 2-1
Att: 30,142   McManaman, Saunders
5th Round
Feb 16 vs Ipswich Town (a) 0-0
Att: 26,140
Replay
Feb 26 vs Ipswich Town (h) 3-2 (aet.)
Att: 27,355   Houghton, Molby, McManaman
6th Round
Mar 8 vs Aston Villa (h) 1-0
Att: 29,109   Thomas
Semi-Final (at Highbury)
Apr 5 vs Portsmouth 1-1 (aet.) (90 mins. 0-0)
Att: 41,869   Whelan
Replay (at Villa Park)
Apr 13 vs Portsmouth 0-0 (aet)
Att: 40,077   Liverpool won 3-1 on penalties
FINAL (at Wembley)
May 9 vs Sunderland 2-0
Att: 79,544   Thomas, Rush

1992/93 SEASON
3rd Round
Jan 3 vs Bolton Wanderers (a) 2-2
Att: 21,502   Winstanley (og), Rush
Replay
Jan 13 vs Bolton Wanderers (h) 0-2
Att: 34,790

1993/94 SEASON
3rd Round
Jan 19 vs Bristol City (a) 1-1
Att: 21,718   Rush
Replay
Jan 25 vs Bristol City (h) 0-1
Att: 36,720

1994/95 SEASON
3rd Round
Jan 7 vs Birmingham City (a) 0-0
Att: 25,326
Replay
Jan 18 vs Birmingham City (h) 1-1 (aet.)
*Att: 36,275 Redknapp
Liverpool won 2-0 on penalties*
4th Round
Jan 28 vs Burnley (a) 0-0
Att: 20,551
Replay
Feb 7 vs Burnley (h) 1-0
Att: 32,109 Barnes
5th Round
Feb 19 vs Wimbledon (h) 1-1
Att: 25,124 Fowler
Replay
Feb 28 vs Wimbledon (a) 2-0
Att: 12,553 Barnes, Rush
6th Round
Mar 11 vs Tottenham Hotspur (h) 1-2
Att: 39,592 Fowler

LEAGUE CUP COMPETITION

1970/71 SEASON
2nd Round
Sep 8 vs Mansfield Town (a) 0-0
Att: 12,532
Replay
Sep 22 vs Mansfield Town (h) 3-2 (aet.)
Att: 31,087 Hughes, Smith, Evans
3rd Round
Oct 6 vs Swindon Town (a) 0-2
Att: 23,992

1971/72 SEASON
2nd Round
Sep 9 vs Hull City (h) 3-0
Att: 31,612 Lawler, Heighway, Hall (pen)
3rd Round
Oct 5 vs Southampton (h) 1-0
Att: 29,964 Heighway
4th Round
Oct 27 vs West Ham United (a) 1-2
Att: 40,878 Graham

1972/73 SEASON
2nd Round
Sep 5 vs Carlisle United (a) 1-1
Att: 16,257 Keegan
Replay
Sep 19 vs Carlisle United (h) 5-1
Att: 22,182 Keegan, Boersma 2, Lawler, Heighway
3rd Round
Oct 3 vs West Bromwich Albion (a) 1-1
Att: 17,756 Heighway
Replay
Oct 10 vs West Bromwich Alb. (h) 2-1 (aet.)
Att: 26,461 Hughes, Keegan
4th Round
Oct 31 vs Leeds United (h) 2-2
Att: 44,609 Keegan, Toshack
Replay
Nov 22 vs Leeds United (a) 1-0
Att: 34,856 Keegan
5th Round
Dec 4 vs Tottenham Hotspur (h) 1-1
Att: 48,667 Hughes
Replay
Dec 6 vs Tottenham Hotspur (a) 1-3
Att: 34,565 Callaghan

1973/74 SEASON
2nd Round
Oct 8 vs West Ham United (a) 2-2
Att: 25,840 Cormack, Heighway
Replay
Oct 29 vs West Ham United (h) 1-0
Att: 26,002 Toshack
3rd Round
Nov 21 vs Sunderland (a) 2-0
Att: 36,208 Keegan, Toshack
4th Round
Nov 27 vs Hull City (a) 0-0
Att: 19,748
Replay
Dec 4 vs Hull City (h) 3-1
Att: 17,120 Callaghan 3
5th Round
Dec 19 vs Wolverhampton Wands. (a) 0-1
Att: 15,242

1974/75 SEASON
2nd Round
Sep 10 vs Brentford (h) 2-1
Att: 21,413 Kennedy, Boersma
3rd Round
Oct 8 vs Bristol City (a) 0-0
Att: 25,573
Replay
Oct 16 vs Bristol City (h) 4-0
Att: 23,694 Heighway 2, Kennedy 2
4th Round
Nov 12 vs Middlesbrough (h) 0-1
Att: 24,906

1975/76 SEASON
2nd Round
Sep 10 vs York City (a) 1-0
Att: 9,421 Lindsay
3rd Round
Oct 7 vs Burnley (h) 1-1
Att: 24,607 Case
Replay
Oct 14 vs Burnley (a) 0-1
Att: 19,857

1976/77 SEASON
2nd Round
Aug 31 vs West Bromwich Albion (h) 1-1
Att: 23,378 Callaghan
Replay
Sep 6 vs West Bromwich Albion (a) 0-1
Att: 22,662

1977/78 SEASON
2nd Round
Aug 30 vs Chelsea (h) 2-0
Att: 33,170 Dalglish, Case
3rd Round
Oct 26 vs Derby County (h) 2-0
Att: 30,400 Fairclough 2
4th Round
Nov 29 vs Coventry City (h) 2-2
Att: 33,817 Fairclough, Neal (pen)
Replay
Dec 20 vs Coventry City (a) 2-0
Att: 36,105 Case, Dalglish
5th Round
Jan 17 vs Wrexham (a) 3-1
Att: 25,641 Dalglish 3
Semi-Final (1st leg)
Feb 7 vs Arsenal (h) 2-1
Att: 44,764 Dalglish, Kennedy
Semi-Final (2nd leg)
Feb 14 vs Arsenal (a) 0-0 (aggregate 2-1)
Att: 49,561
FINAL (at Wembley)
Mar 18 vs Nottingham Forest 0-0 (aet.)
Att: 100,000
Replay (at Old Trafford)
Mar 22 vs Nottingham Forest 0-1
Att: 54,375

1978/79 SEASON
2nd Round
Aug 28 vs Sheffield United (a) 0-1
Att: 35,753

1979/80 SEASON
2nd Round (1st leg)
Aug 29 vs Tranmere Rovers (a) 0-0
Att: 16,759
2nd Round (2nd leg)
Sep 5 vs Tranmere Rovers (h) 4-0 (agg. 4-0)
Att: 24,785 Thompson, Dalglish 2, Fairclough
3rd Round
Sep 25 vs Chesterfield (h) 3-1
Att: 20,960 Fairclough, Dalglish, McDermott
4th Round
Oct 30 vs Exeter City (h) 2-0
Att: 21,019 Fairclough 2
5th Round
Dec 5 vs Norwich City (a) 3-1
Att: 23,000 Johnson 2, Dalglish
Semi-Final (1st leg)
Jan 22 vs Nottingham Forest (a) 1-1
Att: 32,234
Semi-Final (2nd leg)
Feb 12 vs Nottingham For. (h) 1-1 (agg. 1-2)
Att: 50,880 Fairclough

1980/81 SEASON
2nd Round (1st leg)
Aug 27 vs Bradford City (a) 0-1
Att: 16,232
2nd Round (2nd leg)
Sep 2 vs Bradford City (h) 4-0 (agg. 4-1)
Att: 21,107 Dalglish 2, Kennedy R, Johnson
3rd Round
Sep 23 vs Swindon Town (h) 5-0
Att: 16,566 Lee 2, Dalglish, Fairclough 2
4th Round
Oct 28 vs Portsmouth (h) 4-1
Att: 32,021 Dalglish, Johnson 2, Souness
5th Round
Dec 5 vs Birmingham City (h) 3-1
Att: 30,236 Dalglish, McDermott, Johnson
Semi-Final (1st leg)
Jan 14 vs Manchester City (a) 1-0
Att: 48,045 Kennedy R
Semi-Final (2nd leg)
Feb 10 vs Manchester City (h) 1-1
Att: 46,711 Dalglish
FINAL (at Wembley)
Mar 14 vs West Ham United 1-1 (aet.)
Att: 100,000 Kennedy A
Replay (at Villa Park)
Apr 1 vs West Ham United 2-1
Att: 36,693 Dalglish, Hansen

1981/82 SEASON
2nd Round (1st leg)
Oct 7 vs Exeter City (h) 5-0
Att: 11,478 Rush 2, McDermott, Dalglish, Whelan
2nd Round (2nd leg)
Oct 28 vs Exeter City (a) 6-0
Att: 11,740 Rush 2, Dalglish, Neal, Sheedy, Marker (og)
3rd Round
Nov 10 vs Middlesbrough (h) 4-1
Att: 16,145 Sheedy, Rush, Johnson 2
4th Round
Dec 1 vs Arsenal (a) 0-0
Att: 37,917
Replay
Dec 8 vs Arsenal (h) 3-0 (aet.)
Att: 21,375 Johnston, McDermott (pen), Dalglish
5th Round
Jan 12 vs Barnsley (h) 0-0
Att: 33,707
Replay
Jan 19 vs Barnsley (a) 3-1
Att: 29,639 Souness, Johnson, Dalglish
Semi-Final (1st leg)
Feb 2 vs Ipswich Town (a) 2-0
Att: 26,690 McDermott, Rush
Semi-Final (2nd leg)
Feb 9 vs Ipswich Town (h) 2-2 (agg. 4-2)
Att: 34,933 Rush, Dalglish
FINAL (at Wembley)
Mar 13 vs Tottenham Hotspur 3-1 (aet.)
Att: 100,000 Whelan 2, Rush

1982/83 SEASON
2nd Round (1st leg)
Oct 5 vs Ipswich Town (a) 2-1
Att: 19,329 Rush 2
2nd Round (2nd leg)
Oct 26 vs Ipswich Town (h) 2-0 (agg. 4-1)
Att: 17,698 Whelan, Lawrenson
3rd Round
Nov 11 vs Rotherham United (h) 1-0
Att: 20,412 Johnston
4th Round
Nov 30 vs Norwich City (h) 2-0
Att: 13,235 Lawrenson, Fairclough
5th Round
Jan 18 vs West Ham United (h) 2-1
Att: 23,953 Hodgson, Souness

Semi-Final (1st leg)
Feb 8 vs Burnley (h) 3-0
Att: 33,520 Souness, Neal (pen), Hodgson
Semi-Final (2nd leg)
Feb 15 vs Burnley (a) 0-1 (aggregate 3-1)
Att: 22,350
FINAL (at Wembley)
Mar 26 vs Man. Utd. 2-1 (aet.) (90 mins. 1-1)
Att: 100,000 Kennedy, Whelan

1983/84 SEASON
2nd Round (1st leg)
Oct 5 vs Brentford (h) 4-1
Att: 17,859 Rush 2, Robinson, Souness
2nd Round (2nd leg)
Oct 25 vs Brentford (h) 4-0 (aggregate 8-1)
Att: 9,092 Souness (pen), Hodgson, Dalglish, Robinson
3rd Round
Nov 8 vs Fulham (a) 1-1
Att: 20,142 Rush
Replay
Nov 22 vs Fulham (h) 1-1 (aet.) (90 mins 1-1)
Att: 15,783 Dalglish
2nd Replay
Nov 29 vs Fulham (a) 1-0 (aet.) (90 mins 0-0)
Att: 20,905 Souness
4th Round
Dec 20 vs Birmingham City (a) 1-1
Att: 17,405 Souness
Replay
Dec 22 vs Birmingham City (h) 3-0
Att: 11,638 Nicholl, Rush 2 (1 pen)
5th Round
Jan 17 vs Sheffield Wednesday (a) 2-2
Att: 49,357 Nicol, Neal (pen)
Replay
Jan 25 vs Sheffield Wednesday (h) 3-0
Att: 40,485 Rush 2, Robinson
Semi-Final (1st leg)
Feb 7 vs Walsall (h) 2-2
Att: 31,073 Whelan 2
Semi-Final (2nd leg)
Feb 14 vs Walsall (a) 2-0 (aggregate 4-2)
Att: 40,006 Sheedy, Richardson
FINAL (at Wembley)
Mar 25 vs Everton 0-0 (aet.)
Att: 100,000
Replay (at Maine Road)
Mar 28 vs Everton 1-0
Att: 52,089 Souness

1984/85 SEASON
2nd Round (1st leg)
Sep 24 vs Stockport County (a) 0-0
Att: 11,169
2nd Round (2nd leg)
Oct 9 vs Stockport County (h) 2-0 (agg. 2-0)
Att: 13,422 Robinson, Walsh
3rd Round
Oct 31 vs Tottenham Hotspur (a) 0-1
Att: 38,690

1985/86 SEASON
2nd Round (1st leg)
Sep 23 vs Oldham Athletic (a) 3-0
Att: 16,150 McMahon 2, Rush
2nd Round (2nd leg)
Oct 7 vs Oldham Athletic (h) 5-2 (agg. 8-2)
Att: 7,719 Whelan 2, Wark, Rush, MacDonald
3rd Round
Oct 29 vs Brighton & Hove Albion (h) 4-0
Att: 15,291 Walsh 3, Dalglish
4th Round
Nov 26 vs Manchester United (h) 2-1
Att: 41,291 Molby 2 (1 pen)

Quarter-Final
Jan 21 vs Ipswich Town (h) 3-0
Att: 19,762 Walsh, Whelan, Rush
Semi-Final (1st leg)
Feb 12 vs Queens Park Rangers (a) 0-1
Att: 15,051
Semi-Final (2nd leg)
Mar 5 vs Queens Pk. Rngrs. (h) 2-2 (agg. 2-3)
Att: 23,863 McMahon, Johnston

1986/87 SEASON
2nd Round (1st leg)
Sep 23 vs Fulham (h) 10-0
Att: 13,498 Rush 2, Wark 2, Whelan, McMahon 4, Nicol
2nd Round (2nd leg)
Oct 7 vs Fulham (a) 3-2 (aggregate 13-2)
Att: 7,864 McMahon, Parker (og), Molby (pen)
3rd Round
Oct 29 vs Leicester City (h) 4-1
Att: 20,248 McMahon 3, Dalglish
4th Round
Nov 19 vs Coventry City (a) 0-0
Att: 26,385
Replay
Nov 26 vs Coventry City (h) 3-1
Att: 19,179 Molby 3 (3 pens)
Quarter-Final
Jan 21 vs Everton (a) 1-0
Att: 53,323 Rush
Semi-Final (1st leg)
Feb 11 vs Southampton (a) 0-0
Att: 22,818
Semi-Final (2nd leg)
Feb 25 vs Southampton (h) 3-0
Att: 38,481 Whelan, Dalglish, Molby
FINAL
Apr 5 vs Arsenal 1-2
Att: 96,000 Rush

1987/88 SEASON
2nd Round (1st leg)
Sep 23 vs Blackburn Rovers (a) 1-1
Att: 13,924 Nicol
2nd Round (2nd leg)
Oct 6 vs Blackburn Rovers (h) 1-0 (agg. 2-1)
Att: 28,994 Aldridge
3rd Round
Oct 27 vs Everton (h) 0-1
Att: 44,071

1988/89 SEASON
2nd Round (1st leg)
Sep 28 vs Walsall (h) 1-0
Att: 18,084 Gillespie
2nd Round (2nd leg)
Oct 12 vs Walsall (a) 3-1 (aggregate 4-1)
Att: 12,015 Barnes, Rush, Molby (pen)
3rd Round
Nov 2 vs Arsenal (h) 1-1
Att: 31,961 Barnes
Replay
Nov 9 vs Arsenal (a) 0-0 (aet)
Att: 54,029
2nd Replay (at Villa Park)
Nov 23 vs Arsenal 2-1
Att: 21,708 McMahon, Aldridge
4th Round
Nov 30 vs West Ham United (a) 1-4
Att: 26,971 Aldridge (pen)

1989/90 SEASON
2nd Round (1st leg)
Sep 19 vs Wigan Athletic (h) 5-2
Att: 19,231 Hysen, Rush 2, Beardsley, Barnes

2nd Round (2nd leg) (at Anfield)
Oct 4 vs Wigan Athletic (a) 3-0 (agg. 8-2)
Att: 17,954 Staunton 3
3rd Round
Oct 25 vs Arsenal (h) 0-1
Att: 40,814

1990/91 SEASON
2nd Round (1st leg)
Sep 25 vs Crewe Alexandra (h) 5-1
Att: 17,228 McMahon, Gillespie, Houghton, Rush 2
2nd Round (2nd leg)
Oct 9 vs Crewe Alexandra (a) 4-1 (agg. 9-2)
Att: 7,200 Rush 3, Staunton
3rd Round
Oct 31 vs Manchester United (a) 1-3
Att: 42,033 Houghton

1991/92 SEASON
2nd Round (1st leg)
Sep 25 vs Stoke City (h) 2-2
Att: 18,389 Rush 2
2nd Round (2nd leg)
Oct 9 vs Stoke City (a) 3-2 (aggregate 5-4)
Att: 22,335 McManaman, Saunders, Walters
3rd Round
Oct 29 vs Port Vale (h) 2-2
Att: 21,553 McManaman, Rush
Replay
Nov 20 vs Port Vale (a) 4-1
Att: 18,725 McManaman, Walters, Houghton, Saunders
4th Round
Dec 3 vs Peterborough United (a) 0-1
Att: 14,114

1992/93 SEASON
2nd Round (1st leg)
Sep 22 vs Chesterfield (h) 4-4
Att: 12,533 Rosenthal, Hutchison, Walters, Wright
2nd Round (2nd leg)
Oct 6 vs Chesterfield (a) 4-1 (aggregate 8-5)
Att: 10,632 Hutchison, Redknapp, Walters, Rush
3rd Round
Oct 28 vs Sheffield United (a) 0-0
Att: 17,856
Replay
Nov 11 vs Sheffield United (h) 3-0
Att: 17,654 McManaman 2, Marsh (pen)
4th Round
Dec 1 vs Crystal Palace (h) 1-1
Att: 18,525 Marsh (pen)
Replay
Dec 16 vs Crystal Palace (a) 1-2 (aet)
Att: 16,622 Marsh (pen)

1993/94 SEASON
2nd Round (1st leg)
Sep 22 vs Fulham (a) 3-1
Att: 13,599 Clough, Rush, Fowler
2nd Round (2nd leg)
Oct 5 vs Fulham (h) 5-0 (aggregate 8-1)
Att: 12,541 Fowler 5
3rd Round
Oct 27 vs Ipswich Town (h) 3-2
Att: 19,058 Rush 3
4th Round
Dec 1 vs Wimbledon (h) 1-1
Att: 19,290 Molby (pen)
Replay
Dec 14 vs Wimbledon (a) 2-2 (aet)
Att: 11,343 Ruddock, Segars (og)
Wimbledon won 4-3 on penalties

1994/95 SEASON
2nd Round (1st leg)
Sep 21 vs Burnley (h) 2-0
Att: 23,359 Scales, Fowler

2nd Round (2nd leg)
Oct 5 vs Burnley (a) 4-1 (aggregate 6-1)
Att: 19,032 Redknapp 2, Fowler, Clough

3rd Round
Oct 25 vs Stoke City (h) 2-1
Att: 32,060 Rush 2

4th Round
Nov 30 vs Blackburn Rovers (a) 3-1
Att: 30,115 Rush 3

5th Round
Jan 11 vs Arsenal (h) 1-0
Att: 35,026 Rush

Semi-Final (1st leg)
Feb 15 vs Crystal Palace (h) 1-0
Att: 25,480 Fowler

Semi-Final (2nd leg)
Mar 8 vs Crystal Palace (a) 1-0 (agg. 2-0)
Att: 18,224 Fowler

FINAL (at Wembley)
Apr 2 vs Bolton Wanderers 2-1
Att: 75,595 McManaman 2

EUROPEAN CHAMPIONS CUP

1973/74 SEASON
1st Round (1st leg)
Sep 19 vs Jeunesse D'Esch (a) 1-1
Att: 7,000 Hall

1st Round (2nd leg)
Oct 3 vs Jeunesse D'Esch (h) 2-0 (agg. 3-1)
Att: 28,714 Mond (og), Toshack

2nd Round (1st leg)
Oct 24 vs Red Star Belgrade (a) 1-2
Att: 30,000 Lawler

2nd Round (2nd leg)
Nov 6 vs Red Star Belgrade (h) 1-2 (agg 2-4)
Att: 41,774 Lawler

1976/77 SEASON
1st Round (1st leg)
Sep 14 vs Crusaders (h) 2-0
Att: 22,442 Neal (pen), Toshack

1st Round (2nd leg)
Sep 28 vs Crusaders (a) 5-0 (aggregate 7-0)
Att: 10,000 Johnson 2, Keegan, McDermott, Heighway

2nd Round (1st leg)
Oct 20 vs Trabzonspor (a) 0-1
Att: 25,000

2nd Round (2nd leg)
Nov 3 vs Trabzonspor (h) 3-0 (agg. 3-1)
Att: 42,275 Heighway, Johnson, Keegan

Quarter-Final (1st leg)
Mar 2 vs St. Etienne (a) 0-1
Att: 28,000

Quarter-Final (2nd leg)
Mar 16 vs St. Etienne (h) 3-1 (agg. 3-2)
Att: 55,043 Keegan, Kennedy, Fairclough

Semi-Final (1st leg)
Apr 6 vs FC Zurich (a) 3-1
Att: 30,500 Neal 2 (1 pen), Heighway

Semi-Final (2nd leg)
Apr 20 vs FC Zurich (h) 3-0 (agg. 6-1)
Att: 50,611 Case 2, Keegan

FINAL (at Rome)
May 25 vs Borussia Moenchengladbach 3-1
Att: 57,000 McDermott, Smith, Neal (pen)

1977/78 SEASON
2nd Round (1st leg)
Oct 19 vs Dynamo Dresden (h) 5-1
Att: 39,835 Hansen, Case 2, Neal (pen), Kennedy

2nd Round (2nd leg)
Nov 2 vs Dynamo Dresden (a) 1-2 (agg. 6-3)
Att: 33,000 Heighway

Quarter-Final (1st leg)
Mar 1 vs Benfica (a) 2-1
Att: 70,000 Case, Hughes

Quarter-Final (2nd leg)
Mar 15 vs Benfica (h) 4-1 (aggregate 6-2)
Att: 48,364 Callaghan, Dalglish, McDermott, Neal

Semi-Final (1st leg)
Mar 29 vs Bor. Moenchengladbach (a) 1-2
Att: 67,000 Johnson

Semi-Final (2nd leg)
Apr 12 vs Bor. M'gladbach (h) 3-0 (agg. 4-2)
Att: 51,500 Kennedy, Dalglish, Case

FINAL (at Wembley)
May 10 vs FC Brugge 1-0
Att: 92,000 Dalglish

1978/79 SEASON
1st Round (1st leg)
Sep 13 vs Nottingham Forest (a) 0-2
Att: 38,316

1st Round (2nd leg)
Sep 27 vs Nottingham For. (h) 0-0 (agg. 0-2)
Att: 51,679

1979/80 SEASON
1st Round (1st leg)
Sep 27 vs Dynamo Tbilisi (h) 2-1
Att: 35,270 Johnson, Case

1st Round (2nd leg)
Oct 3 vs Dynamo Tbilisi (a) 0-3 (agg. 2-4)
Att: 80,000

1980/81 SEASON
1st Round (1st leg)
Sep 17 vs OPS Oulu (a) 1-1
Att: 8,400 Dalglish

1st Round (2nd leg)
Oct 1 vs OPS Oulu (h) 10-1 (agg. 11-1)
Att: 21,013 Souness 3, McDermott 2, Dalglish, Lee, Kennedy R, Fairclough 2

2nd Round (1st leg)
Oct 22 vs Aberdeen (a) 1-0
Att: 24,000 McDermott

2nd Round (2nd leg)
Nov 5 vs Aberdeen (h) 4-0 (aggregate 5-0)
Att: 36,182 Miller (og), Neal, Dalglish, Hansen

Quarter-Final (1st leg)
Mar 4 vs CSKA Sofia (h) 5-1
Att: 37,259 Souness 3, Lee, McDermott

Quarter-Final (2nd leg)
Mar 18 vs CSKA Sofia (a) 1-0 (agg. 6-1)
Att: 60,000 Johnson

Semi-Final (1st leg)
Apr 8 vs Bayern Munich (h) 0-0
Att: 44,543

Semi-Final (2nd leg)
Apr 22 vs Bayern Munich (a) 1-1
Att: 75,000 Kennedy R
Liverpool won on Away Goals

FINAL (at Paris)
May 27 vs Real Madrid 1-0
Att: 48,360 Kennedy A

1981/82 SEASON
1st Round (1st leg)
Sep 16 vs OPS Oulu (a) 1-0
Att: 8,400 Dalglish

1st Round (2nd leg)
Sep 30 vs OPS Oulu (h) 7-0 (aggregate 8-0)
Att: 20,789 Dalglish, McDermott 2, Kennedy R, Johnson, Rush, Lawrenson

2nd Round (1st leg)
Oct 21 vs AZ67 Alkmaar (a) 2-2
Att: 15,000 Johnson, Lee

2nd Round (2nd leg)
Nov 4 vs AZ67 Alkmaar (h) 3-2 (agg. 5-4)
Att: 29,703 McDermott (pen), Rush, Hansen

Quarter-Final (1st leg)
Mar 3 vs CSKA Sofia (h) 1-0
Att: 27,388 Whelan

Quarter-Final (2nd leg)
Mar 17 vs CSKA Sofia (a) 0-2 (aet) (aggregate 1-2)
Att: 60,000

1982/83 SEASON
1st Round (1st leg)
Sep 15 vs Dundalk (a) 4-1
Att: 16,500 Whelan 2, Rush, Hodgson

1st Round (2nd leg)
Sep 29 vs Dundalk (h) 1-0 (aggregate 5-1)
Att: 12,021 Whelan

2nd Round (1st leg)
Oct 20 vs HJK Helsinki (a) 0-1
Att: 5,722

2nd Round (2nd leg)
Nov 3 vs HJK Helsinki (h) 5-0 (agg. 5-1)
Att: 16,434 Dalglish, Johnston, Neal, Kennedy A 2

Quarter-Final (1st leg)
Mar 2 vs Widzew Lodz (a) 0-2
Att: 40,000

Quarter-Final (2nd leg)
Mar 16 vs Widzew Lodz (h) 3-2 (agg. 3-4)
Att: 44,949 Neal (pen), Rush, Hodgson

1983/84 SEASON
1st Round (1st leg)
Sep 14 vs Odense BK (a) 1-0
Att: 30,000 Dalglish

1st Round (2nd leg)
Sep 28 vs Odense BK (h) 5-0 (agg. 6-0)
Att: 14,985 Robinson 2, Dalglish 2, Clausen (og)

2nd Round (1st leg)
Oct 19 vs Athletic Bilbao (h) 0-0
Att: 33,063

2nd Round (2nd leg)
Nov 2 vs Athletic Bilbao (a) 1-0 (agg. 1-0)
Att: 47,500 Rush

Quarter-Final (1st leg)
Mar 7 vs Benfica (h) 1-0
Att: 39,096 Rush

Quarter-Final (2nd leg)
Mar 21 vs Benfica (a) 4-1 (aggregate 5-1)
Att: 70,000 Whelan 2, Johnston, Rush

Semi-Final (1st leg)
Apr 11 vs Dynamo Bucharest (h) 1-0
Att: 36,941 Lee

Semi-Final (2nd leg)
Apr 25 vs Dyn. Bucharest (a) 2-1 (agg. 3-1)
Att: 60,000 Rush 2

FINAL (at Rome)
May 30 vs AS Roma 1-1 (aet.) (90 mins. 1-1)
Att: 69,693 Neal
Liverpool won 4-2 on penalties

1984/85 SEASON
2nd Round (1st leg)
Oct 24 vs Benfica (h) 3-1
Att: 27,733 Rush 3

2nd Round (2nd leg)
Nov 7 vs Benfica (a) 0-1 (aggregate 3-2)
Att: 35,000
Quarter-Final (1st leg)
Mar 6 vs FK Austria (a) 1-1
Att: 20,000 Nicol
Quarter-Final (2nd leg)
Mar 20 vs FK Austria (h) 4-1 (aggregate 5-2)
Att: 32,761 Walsh 2, Nicol, Obermayer (og)
Semi-Final (1st leg)
Apr 10 vs Panathinaikos (h) 4-0
Att: 39,488 Wark, Rush 2, Beglin
Semi-Final (2nd leg)
Apr 24 vs Panathinaikos (a) 1-0 (agg. 5-0)
Att: 60,000 Lawrenson
FINAL (in Brussels)
May 29 vs Juventus 0-1
Att: 58,000 Platini (pen)

EUROPEAN CUP-WINNERS CUP
1971/72 SEASON
1st Round (1st leg)
Sep 15 vs Servette (a) 1-2
Att: 21,000 Lawler
1st Round (2nd leg)
Sep 29 vs Servette (h) 2-0 (aggregate 3-2)
Att: 38,591 Hughes, Highway
2nd Round (1st leg)
Oct 20 vs Bayern Munich (h) 0-0
Att: 42,949
2nd Round (2nd leg)
Nov 3 vs Bayern Munich (a) 1-3 (agg. 1-3)
Att: 40,000 Evans
1974/75 SEASON
1st Round (1st leg)
Sep 17 vs Stromsgodset (h) 11-0
Att: 24,743 Lindsay (pen), Boersma 2, Heighway, Thompson 2, Smith, Cormack, Hughes, Callaghan, Kennedy
1st Round (2nd leg)
Oct 1 vs Stromsgodset (a) 1-0 (agg. 12-0)
Att: 17,000 Kennedy
2nd Round (1st leg)
Oct 23 vs Ferencvaros (h) 1-1
Att: 35,027 Keegan
2nd Round (2nd leg)
Nov 5 vs Ferencvaros (a) 0-0 (agg. 1-1)
Att: 30,000 Ferencvaros won on Away Goals
1992/93 SEASON
1st Round (1st leg)
Sep 16 vs Apollon Limassol (h) 6-1
Att: 12,769 Stewart 2, Rush 4
1st Round (2nd leg)
Sep 29 vs Apoll. Limassol (a) 2-1 (agg. 8-2)
Att: 12,000 Rush, Hutchison
2nd Round (1st leg)
Oct 22 vs Spartak Moscow (a) 2-4
Att: 55,000 Wright, McManaman
2nd Round (2nd leg)
Nov 4 vs Spartak Moscow (h) 0-2 (agg. 2-6)
Att: 37,993

UEFA CUP COMPETITION
1970/71 SEASON
1st Round (1st leg)
Sep 15 vs Ferencvaros (h) 1-0
Att: 37,531 Graham
1st Round (2nd leg)
Sep 29 vs Ferencvaros (a) 1-1 (agg. 2-1)
Att: 25,000 Hughes

2nd Round (1st leg)
Oct 21 vs Dynamo Bucharest (h) 3-0
Att: 36,525 Lindsay, Lawler, Hughes
2nd Round (2nd leg)
Nov 4 vs Dyn. Bucharest (a) 1-1 (agg. 4-1)
Att: 30,000 Boersma
3rd Round (1st leg)
Dec 9 vs Hibernian (a) 1-0
Att: 30,296 Toshack
3rd Round (2nd leg)
Dec 22 vs Hibernian (h) 2-0 (aggregate 3-0)
Att: 37,815 Heighway, Boersma
Quarter-Final (1st leg)
Mar 10 vs Bayern Munich (h) 3-0
Att: 45,616 Evans 3
Quarter-Final (2nd leg)
Mar 24 vs Bayern Munich (a) 1-1 (agg. 4-1)
Att: 23,000 Ross
Semi-Final (1st leg)
Apr 14 vs Leeds United (h) 0-1
Att: 52,577
Semi-Final (2nd leg)
Apr 28 vs Leeds United (a) 0-0 (agg. 0-1)
Att: 40,462
1972/73 SEASON
1st Round (1st leg)
Sep 12 vs Eintracht Frankfurt (h) 2-0
Att: 33,380 Keegan, Hughes
1st Round (2nd leg)
Sep 26 vs Ein. Frankfurt (a) 0-0 (agg. 2-0)
Att: 18,000
2nd Round (1st leg)
Oct 24 vs AEK Athens (h) 3-0
Att: 31,906 Boersma, Cormack, Smith (pen)
2nd Round (2nd leg)
Nov 7 vs AEK Athens (a) 3-1 (agg. 6-1)
Att: 25,000 Hughes 2, Boersma
3rd Round (1st leg)
Nov 29 vs Dynamo Berlin (a) 0-0
Att: 20,000
3rd Round (2nd leg)
Dec 12 vs Dynamo Berlin (h) 3-1 (agg. 3-1)
Att: 34,140 Boersma, Heighway, Toshack
Quarter-Final (1st leg)
Mar 7 vs Dynamo Dresden (h) 2-0
Att: 33,270 Hall, Boersma
Quarter-Final (2nd leg)
Mar 21 vs Dyn. Dresden (a) 1-0 (agg. 3-0)
Att: 35,000 Keegan
Semi-Final (1st leg)
Apr 10 vs Tottenham Hotspur (h) 1-0
Att: 42,174 Lindsay
Semi-Final (2nd leg)
Apr 25 vs Tott. Hotspur (a) 1-2 (agg. 2-2)
Att: 46,919 Heighway
Liverpool won on Away Goals
FINAL (1st leg)
May 10 vs Borussia Moenchengladbach (h) 3-0
Att: 41,169 Keegan 2, Lloyd
FINAL (2nd leg)
May 23 vs Bor. M'gladbach (a) 0-2 (agg. 3-2)
Att: 35,000
1975/76 SEASON
1st Round (1st leg)
Sep 17 vs Hibernian (a) 0-1
Att: 12,219
1st Round (2nd leg)
Sep 30 vs Hibernian (h) 3-1 (aggregate 3-2)
Att: 29,963 Toshack 3
2nd Round (1st leg)
Oct 22 vs Real Sociedad (a) 3-1
Att: 30,000 Heighway, Callaghan, Thompson

2nd Round (2nd leg)
Nov 4 vs Real Sociedad (h) 6-0 (agg. 9-1)
Att: 23,796 Toshack, Kennedy 2, Fairclough, Heighway, Neal
3rd Round (1st leg)
Nov 26 vs Slask Wroclaw (a) 2-1
Att: 40,000, Toshack
3rd Round (2nd leg)
Dec 10 vs Slask Wroclaw (h) 3-0 (agg. 5-1)
Att: 17,886 Case 3
Quarter-Final (1st leg)
Mar 3 vs Dynamo Dresden (a) 0-0
Att: 33,000
Quarter-Final (2nd leg)
Mar 17 vs Dyn. Dresden (h) 2-1 (agg. 2-1)
Att: 39,300 Case, Keegan
Semi-Final (1st leg)
Mar 30 vs Barcelona (a) 1-0
Att: 80,000 Toshack
Semi-Final (2nd leg)
Apr 14 vs Barcelona (h) 1-1
Att: 55,104 Thompson
FINAL (1st leg)
Apr 28 vs FC Brugge (h) 3-2
Att: 56,000 Kennedy, Case, Keegan (pen)
FINAL (2nd leg)
May 19 vs FC Brugge (a) 1-1 (agg. 4-3)
Att: 32,000 Keegan
1991/92 SEASON
1st Round (1st leg)
Sep 18 vs Kuusysi Lahti (h) 6-1
Att: 17,131 Saunders 4, Houghton 2
1st Round (2nd leg)
Oct 2 vs Kuusysi Lahti (a) 0-1 (agg. 6-2)
Att: 8,000
2nd Round (1st leg)
Oct 23 vs Auxerre (a) 0-2
Att: 20,000
2nd Round (2nd leg)
Nov 6 vs Auxerre (h) 3-0 (aggregate 3-2)
Att: 23,094   Molby (pen), Marsh, Walters
3rd Round (1st leg)
Nov 27 vs Tirol (a) 2-0
Att: 13,500 Saunders 2
3rd Round (2nd leg)
Dec 11 vs Tirol (h) 4-0 (aggregate 6-0)
Att: 16,007 Saunders 3, Venison
Quarter-Final (1st leg)
Mar 4 vs Genoa (a) 0-2
Att: 40,000
Quarter-Final (2nd leg)
Mar 18 vs Genoa (h) 1-2 (aggregate 1-4)
Att: 38,840 Rush

1970-71 SEASON
FIRST DIVISION
Arsenal	42	29	7	6	71	29	65
Leeds United	42	27	10	5	72	30	64
Tottenham Hotspur	42	19	14	9	54	33	52
Wolves	42	22	8	12	64	54	52
Liverpool	**42**	**17**	**17**	**8**	**42**	**24**	**51**
Chelsea	42	18	15	9	52	42	51
Southampton	42	17	12	13	56	44	46
Manchester United	42	16	11	15	65	66	43
Derby County	42	16	10	16	56	54	42
Coventry City	42	16	10	16	37	38	42
Manchester City	42	12	17	13	47	42	41
Newcastle United	42	14	13	15	44	46	41
Stoke City	42	12	13	17	44	48	37
Everton	42	12	13	17	54	60	37
Huddersfield Town	42	11	14	17	40	49	36
Nottingham Forest	42	14	8	20	42	61	36
West Brom. Albion	42	10	15	17	58	75	35
Crystal Palace	42	12	11	19	39	57	35
Ipswich Town	42	12	10	20	42	48	34
West Ham United	42	10	14	18	47	60	34
Burnley	42	7	13	22	29	63	27
Blackpool	42	4	15	23	34	66	23

1971-72 SEASON
FIRST DIVISION
Derby County	42	24	10	8	69	33	58
Leeds United	42	24	9	9	73	31	57
Liverpool	**42**	**24**	**9**	**9**	**64**	**30**	**57**
Manchester City	42	23	11	8	77	45	57
Arsenal	42	22	8	12	58	40	52
Tottenham Hotspur	42	19	13	10	63	42	51
Chelsea	42	18	12	12	58	49	48
Manchester United	42	19	10	13	69	61	48
Wolves	42	18	11	13	65	57	47
Sheffield United	42	17	12	13	61	60	46
Newcastle United	42	15	11	16	49	52	41
Leicester City	42	13	13	16	41	46	39
Ipswich Town	42	11	16	15	39	53	38
West Ham United	42	12	12	18	47	51	36
Everton	42	9	18	15	37	48	36
West Brom. Albion	42	12	11	19	42	54	35
Stoke City	42	10	15	17	39	56	35
Coventry City	42	9	15	18	44	67	33
Southampton	42	12	7	23	52	80	31
Crystal Palace	42	8	13	21	39	65	29
Nottingham Forest	42	8	9	25	47	81	25
Huddersfield Town	42	6	13	23	27	59	25

1972-73 SEASON
FIRST DIVISION
Liverpool	**42**	**25**	**10**	**6**	**72**	**42**	**60**
Arsenal	42	23	11	8	57	43	57
Leeds United	42	21	11	10	71	45	53
Ipswich Town	42	17	14	11	55	45	48
Wolves	42	18	11	13	66	54	47
West Ham United	42	17	12	13	67	53	46
Derby County	42	19	8	15	56	54	46
Tottenham Hotspur	42	16	13	13	58	48	45
Newcastle United	42	16	13	13	60	51	45
Birmingham City	42	15	12	15	53	54	42
Manchester City	42	15	11	16	57	60	41
Chelsea	42	13	14	15	49	51	40
Southampton	42	11	18	13	47	52	40
Sheffield United	42	15	10	17	51	59	40
Stoke City	42	14	10	18	61	56	38
Leicester City	42	10	17	15	40	46	37
Everton	42	13	11	18	41	49	37
Manchester United	42	12	13	17	44	60	37
Coventry City	42	13	9	20	40	55	35
Norwich City	42	11	10	21	36	63	32
Crystal Palace	42	9	12	21	41	58	30
West Brom. Albion	42	9	10	23	38	62	28

1973-74 SEASON
FIRST DIVISION
Leeds United	42	24	14	4	66	31	62
Liverpool	**42**	**22**	**13**	**7**	**52**	**31**	**57**
Derby County	42	17	14	11	52	42	48
Ipswich Town	42	18	11	13	67	58	47
Stoke City	42	15	16	11	54	42	46
Burnley	42	16	14	12	56	53	46
Everton	42	16	12	14	50	48	44
Q.P.R.	42	13	17	12	56	52	43
Leicester City	42	13	16	13	51	41	42
Arsenal	42	14	14	14	49	51	42
Tottenham Hotspur	42	14	14	14	45	50	42
Wolves	42	13	15	14	49	49	41
Sheffield United	42	14	12	16	44	49	40
Manchester City	42	14	12	16	39	46	40
Newcastle United	42	13	12	17	49	48	38
Coventry City	42	14	10	18	43	54	38
Chelsea	42	12	13	17	56	60	37
West Ham United	42	11	15	16	55	60	37
Birmingham City	42	12	13	17	52	64	37
Southampton *	42	11	14	17	47	68	36
Manchester United *	42	10	12	20	38	48	32
Norwich City *	42	7	15	20	37	62	29

* Three clubs relegated

1974-75 SEASON
FIRST DIVISION
Derby County	42	21	11	10	67	49	53
Liverpool	**42**	**20**	**11**	**11**	**60**	**39**	**51**
Ipswich Town	42	23	5	14	66	44	51
Everton	42	16	18	8	56	42	50
Stoke City	42	17	15	10	64	48	49
Sheffield United	42	18	13	11	58	51	49
Middlesbrough	42	18	12	12	54	40	48
Manchester City	42	18	10	14	54	54	46
Leeds United	42	16	13	13	57	49	45
Burnley	42	17	11	14	68	67	45
Q.P.R.	42	16	10	16	54	54	42
Wolves	42	14	11	17	57	54	39
West Ham United	42	13	13	16	58	59	39
Coventry City	42	12	15	15	51	62	39
Newcastle United	42	15	9	18	59	72	39
Arsenal	42	13	11	18	47	49	37
Birmingham City	42	14	9	19	53	61	37
Leicester City	42	12	12	18	46	60	36
Tottenham Hotspur	42	13	8	21	52	63	34
Luton Town	42	11	11	20	47	65	33
Chelsea	42	9	15	18	42	72	33
Carlisle United	42	12	5	25	43	59	29

1975-76 SEASON
FIRST DIVISION

Liverpool	42	23	14	5	66	31	60
Q.P.R.	42	24	11	7	67	33	59
Manchester United	42	23	10	10	68	42	56
Derby County	42	21	11	10	75	58	53
Leeds United	42	21	9	12	65	46	51
Ipswich Town	42	16	14	12	54	48	46
Leicester City	42	13	19	10	48	51	45
Manchester City	42	16	12	15	64	46	43
Tottenham Hotspur	42	14	15	13	63	63	43
Norwich City	42	16	10	16	58	58	42
Everton	42	15	12	15	60	66	42
Stoke City	42	15	11	16	48	50	41
Middlesbrough	42	15	10	17	46	45	40
Coventry City	42	13	14	15	47	57	40
Newcastle United	42	15	9	18	71	62	39
Aston Villa	42	11	17	14	51	59	39
Arsenal	42	13	10	19	47	53	36
West Ham United	42	13	10	19	48	71	36
Birmingham City	42	13	7	22	57	75	33
Wolves	42	10	10	22	51	68	30
Burnley	42	9	10	23	43	66	28
Sheffield United	42	6	10	26	33	82	22

1977-78 SEASON
FIRST DIVISION

Nottingham Forest	42	25	14	3	69	24	64
Liverpool	42	24	9	9	65	34	57
Everton	42	22	11	9	76	45	55
Manchester City	42	20	12	10	74	51	52
Arsenal	42	21	10	11	60	37	52
West Brom. Albion	42	18	14	10	62	53	50
Coventry City	42	18	12	12	75	62	48
Aston Villa	42	18	10	14	57	42	46
Leeds United	42	18	10	14	63	53	46
Manchester United	42	16	10	16	67	63	42
Birmingham City	42	16	9	17	55	60	41
Derby County	42	14	13	15	54	59	41
Norwich City	42	11	18	13	52	66	40
Middlesbrough	42	12	15	15	42	54	39
Wolves	42	12	12	18	51	64	36
Chelsea	42	11	14	17	46	69	36
Bristol City	42	11	13	18	49	53	35
Ipswich Town	42	11	13	18	47	61	35
Q.P.R.	42	9	15	18	47	64	33
West Ham United	42	12	8	22	52	69	32
Newcastle United	42	6	10	26	42	78	22
Leicester City	42	5	12	25	26	70	22

1979-80 SEASON
FIRST DIVISION

Liverpool	42	25	10	7	81	30	60
Manchester United	42	24	10	8	65	35	58
Ipswich Town	42	22	9	11	68	39	53
Arsenal	42	18	16	8	52	36	52
Nottingham Forest	42	20	8	14	63	43	48
Wolves	42	19	9	14	58	47	47
Aston Villa	42	16	14	12	51	50	46
Southampton	42	18	9	15	65	53	45
Middlesbrough	42	16	12	14	50	44	44
West Brom. Albion	42	11	19	12	54	50	41
Leeds United	42	13	14	15	46	50	40
Norwich City	42	13	14	15	58	66	40
Crystal Palace	42	12	16	14	41	50	40
Tottenham Hotspur	42	15	10	17	52	62	40
Coventry City	42	16	7	19	56	66	39
Brighton & Hove Alb.	42	11	15	16	47	57	37
Manchester City	42	12	13	17	43	66	37
Stoke City	42	13	10	19	44	58	36
Everton	42	9	17	16	43	51	35
Bristol City	42	9	13	20	37	66	31
Derby County	42	11	8	23	47	67	30
Bolton Wanderers	42	5	15	22	38	73	25

1976-77 SEASON
FIRST DIVISION

Liverpool	42	23	11	8	62	33	57
Manchester City	42	21	14	7	60	34	56
Ipswich Town	42	22	8	12	66	39	52
Aston Villa	42	22	7	13	76	50	51
Newcastle United	42	18	13	11	64	49	49
Manchester United	42	18	11	13	71	62	47
West Brom. Albion	42	16	13	13	62	56	45
Arsenal	42	16	11	15	64	59	43
Everton	42	14	14	14	62	64	42
Leeds United	42	15	12	15	48	51	42
Leicester City	42	12	18	12	47	60	42
Middlesbrough	42	14	13	15	40	45	41
Birmingham City	42	13	12	17	63	61	38
Q.P.R.	42	13	12	17	47	52	38
Derby County	42	9	19	14	50	55	37
Norwich City	42	14	9	19	47	64	37
West Ham United	42	11	14	17	46	65	36
Bristol City	42	11	13	18	38	48	35
Coventry City	42	10	15	17	48	59	35
Sunderland	42	11	12	19	46	54	34
Stoke City	42	10	14	18	28	51	34
Tottenham Hotspur	42	12	9	21	48	72	33

1978-79 SEASON
FIRST DIVISION

Liverpool	42	30	8	4	85	16	68
Nottingham Forest	42	21	18	3	61	26	60
West Brom. Albion	42	24	11	7	72	35	59
Everton	42	17	17	8	52	40	51
Leeds United	42	18	14	10	70	52	50
Ipswich Town	42	20	9	13	63	49	49
Arsenal	42	17	14	11	61	48	48
Aston Villa	42	15	16	11	59	49	46
Manchester United	42	15	15	12	60	63	45
Coventry City	42	14	16	12	58	68	44
Tottenham Hotspur	42	13	15	14	48	61	41
Middlesbrough	42	15	10	17	57	50	40
Bristol City	42	15	10	17	47	51	40
Southampton	42	12	16	14	47	53	40
Manchester City	42	13	13	16	58	56	39
Norwich City	42	7	23	12	51	57	37
Bolton Wanderers	42	12	11	19	54	75	35
Wolves	42	13	8	21	44	68	34
Derby County	42	10	11	21	44	71	31
Q.P.R.	42	6	13	23	45	73	25
Birmingham City	42	6	10	26	37	64	22
Chelsea	42	5	10	27	44	92	20

1980-81 SEASON
FIRST DIVISION

Aston Villa	42	26	8	8	72	40	60
Ipswich Town	42	23	10	9	77	43	56
Arsenal	42	19	15	8	61	45	53
West Brom. Albion	42	20	12	10	60	42	52
Liverpool	**42**	**17**	**17**	**8**	**62**	**46**	**51**
Southampton	42	20	10	12	76	56	50
Nottingham Forest	42	19	12	11	62	45	50
Manchester United	42	15	18	9	51	36	48
Leeds United	42	17	10	15	39	47	44
Tottenham Hotspur	42	14	15	13	70	68	43
Stoke City	42	12	18	12	51	60	42
Manchester City	42	14	11	17	56	59	39
Birmingham City	42	13	12	17	50	61	38
Middlesbrough	42	16	5	21	53	51	37
Everton	42	13	10	19	55	58	36
Coventry City	42	13	10	19	48	68	36
Sunderland	42	14	7	21	58	53	35
Wolves	42	13	9	20	47	55	35
Brighton & Hove Alb.	42	14	7	21	54	67	35
Norwich City	42	13	7	22	49	73	33
Leicester City	42	13	6	23	40	67	32
Crystal Palace	42	6	7	29	47	83	19

1981-82 SEASON
FIRST DIVISION

Liverpool	**42**	**26**	**9**	**7**	**80**	**32**	**87**
Ipswich Town	42	26	5	11	75	53	83
Manchester United	42	22	12	8	59	29	78
Tottenham Hotspur	42	20	11	11	67	48	71
Arsenal	42	20	11	11	48	37	71
Swansea City	42	21	6	15	58	51	69
Southampton	42	19	9	14	72	67	66
Everton	42	17	13	12	56	50	64
West Ham United	42	14	16	12	66	57	58
Manchester City	42	15	13	14	49	50	58
Aston Villa	42	15	12	15	55	53	57
Nottingham Forest	42	15	12	15	42	48	57
Brighton & Hove Alb.	42	13	13	16	43	52	52
Coventry City	42	13	11	18	56	62	50
Notts County	42	13	8	21	45	69	47
Birmingham City	42	10	14	18	53	61	44
West Brom. Albion	42	11	11	20	46	57	44
Stoke City	42	12	8	22	44	63	44
Sunderland	42	11	11	20	38	58	44
Leeds United	42	10	12	20	39	61	42
Wolves	42	10	10	22	32	63	40
Middlesbrough	42	8	15	19	34	52	39

1982-83 SEASON
FIRST DIVISION

Liverpool	**42**	**24**	**10**	**8**	**87**	**37**	**82**
Watford	42	22	5	15	74	57	71
Manchester United	42	19	13	8	56	38	70
Tottenham Hotspur	42	20	9	13	65	50	69
Nottingham Forest	42	20	9	13	62	50	69
Aston Villa	42	21	5	16	62	50	68
Everton	42	18	10	14	66	48	64
West Ham United	42	20	4	18	68	62	64
Ipswich Town	42	15	13	14	64	50	58
Arsenal	42	16	10	16	58	56	58
West Brom. Albion	42	15	12	15	51	49	57
Southampton	42	15	12	15	54	58	57
Stoke City	42	16	9	17	53	64	57
Norwich City	42	14	12	16	52	58	54
Notts County	42	15	7	21	55	71	52
Sunderland	42	12	14	16	48	61	50
Birmingham City	42	12	15	16	40	55	50
Luton Town	42	12	13	17	65	84	49
Coventry City	42	13	9	20	48	59	48
Manchester City	42	13	8	21	47	70	47
Swansea City	42	10	11	21	51	69	41
Brighton & Hove Alb.	42	9	13	20	38	67	40

1983-84 SEASON
FIRST DIVISION

Liverpool	**42**	**22**	**14**	**6**	**73**	**32**	**80**
Southampton	42	22	11	9	66	38	77
Nottingham Forest	42	22	8	12	76	45	74
Manchester United	42	20	14	8	71	41	74
Q.P.R.	42	22	7	13	67	37	73
Arsenal	42	19	9	15	74	60	63
Everton	42	16	14	12	44	42	62
Tottenham Hotspur	42	17	10	15	64	65	61
West Ham United	42	17	9	16	60	55	60
Aston Villa	42	17	9	16	59	61	60
Watford	42	16	9	17	68	77	57
Ipswich Town	42	15	8	19	55	57	53
Sunderland	42	13	13	16	42	53	52
Norwich City	42	12	15	15	48	49	51
Leicester City	42	13	12	17	65	68	51
Luton Town	42	14	9	19	53	66	51
West Brom. Albion	42	14	9	19	48	62	51
Stoke City	42	13	11	18	44	63	50
Coventry City	42	13	11	18	57	77	50
Birmingham City	42	12	12	18	39	50	48
Notts County	42	10	11	21	50	72	41
Wolves	42	6	11	25	27	80	29

1984-85 SEASON
FIRST DIVISION

Everton	42	28	6	8	88	43	90
Liverpool	**42**	**22**	**11**	**9**	**78**	**35**	**77**
Tottenham Hotspur	42	23	8	11	78	51	77
Manchester United	42	22	10	10	77	47	76
Southampton	42	19	11	12	56	47	68
Chelsea	42	18	12	12	63	48	66
Arsenal	42	19	9	14	61	49	66
Sheffield Wednesday	42	17	14	11	58	45	65
Nottingham Forest	42	19	7	16	56	48	64
Aston Villa	42	15	11	16	60	60	56
Watford	42	14	13	15	81	71	55
West Brom	42	16	7	19	58	62	55
Luton Town	42	15	9	18	57	61	54
Newcastle United	42	13	13	16	55	70	52
Leicester City	42	15	6	21	65	73	51
West Ham United	42	13	12	17	51	68	51
Ipswich Town	42	13	11	18	46	57	50
Coventry City	42	15	5	22	47	64	50
QPR	42	13	11	18	53	72	50
Norwich City	42	13	10	19	46	64	49
Sunderland	42	10	10	22	40	62	40
Stoke City	42	3	8	31	24	91	17

1985-86 SEASON
FIRST DIVISION

Liverpool	42	26	10	6	89	37	88
Everton	42	26	8	8	87	41	86
West Ham United	42	26	6	10	74	40	84
Manchester United	42	22	10	10	70	36	76
Sheffield Wednesday	42	21	10	11	63	54	73
Chelsea	42	20	11	11	57	56	71
Arsenal	42	20	9	13	49	47	69
Nottingham Forest	42	19	11	12	69	53	68
Luton Town	42	18	12	12	61	44	66
Tottenham Hotspur	42	19	8	15	74	52	65
Newcastle United	42	17	12	13	67	72	63
Watford	42	16	11	15	69	62	59
QPR	42	15	7	20	53	64	52
Southampton	42	12	10	20	51	62	46
Manchester City	42	11	12	19	43	57	45
Aston Villa	42	10	14	18	51	67	44
Coventry City	42	11	10	21	48	71	43
Oxford United	42	10	12	20	62	80	42
Leicester City	42	10	12	20	54	76	42
Ipswich Town	42	11	8	23	32	55	41
Birmingham City	42	8	5	29	30	73	29
West Brom	42	4	12	26	35	89	24

1986-87 SEASON
FIRST DIVISION

Everton	42	26	8	8	76	31	86
Liverpool	42	23	8	11	72	42	77
Tottenham Hotspur	42	21	8	13	68	43	71
Arsenal	42	20	10	12	58	35	70
Norwich City	42	17	17	8	53	51	68
Wimbledon	42	19	9	14	57	50	66
Luton Town	42	18	12	12	47	45	66
Nottingham Forest	42	18	11	13	64	51	65
Watford	42	18	9	15	67	54	63
Coventry City	42	17	12	13	50	45	63
Manchester United	42	14	14	14	52	45	56
Southampton	42	14	10	18	69	68	52
Sheffield Wednesday	42	13	13	16	58	59	52
Chelsea	42	13	13	16	53	64	52
West Ham United	42	14	10	18	52	67	52
QPR	42	13	11	18	48	64	50
Newcastle United	42	12	11	19	47	65	47
Oxford United	42	11	13	18	44	69	46
Charlton Athletic	42	11	11	20	45	55	44
Leicester City	42	11	9	22	54	76	42
Manchester City	42	8	15	19	36	57	39
Aston Villa	42	8	12	22	45	79	36

1987-88 SEASON
FIRST DIVISION

Liverpool	40	26	12	2	87	24	90
Manchester United	40	23	12	5	71	38	81
Nottingham Forest	40	20	13	7	67	39	73
Everton	40	19	13	8	53	27	70
QPR	40	19	10	11	48	38	67
Arsenal	40	18	12	10	58	39	66
Wimbledon	40	14	15	11	58	47	57
Newcastle United	40	14	14	12	55	53	56
Luton Town	40	14	11	15	57	58	53
Coventry City	40	13	14	13	46	53	53
Sheffield Wednesday	40	15	8	17	52	66	53
Southampton	40	12	14	14	49	53	50
Tottenham Hotspur	40	12	11	17	38	48	47
Norwich City	40	12	9	19	40	52	45
Derby County	40	10	13	17	35	45	43
West Ham United	40	9	15	16	40	52	42
Charlton Athletic	40	9	15	16	38	52	42
Chelsea	40	9	15	16	50	68	42
Portsmouth	40	7	14	19	36	66	35
Watford	40	7	11	22	27	51	32
Oxford United	40	6	13	21	44	80	31

1988-89 SEASON
FIRST DIVISION

Arsenal	38	22	10	6	73	36	76
Liverpool	38	22	10	6	65	28	76
Nottingham Forest	38	17	13	8	64	43	64
Norwich City	38	17	11	10	48	45	62
Derby County	38	17	7	14	40	38	58
Tottenham Hotspur	38	15	12	11	60	46	57
Coventry City	38	14	13	11	47	42	55
Everton	38	14	12	12	50	45	54
QPR	38	14	11	13	43	37	53
Millwall	38	14	11	13	47	52	53
Manchester United	38	13	12	13	45	35	51
Wimbledon	38	14	9	15	50	46	51
Southampton	38	10	15	13	52	66	45
Charlton Athletic	38	10	12	16	44	58	42
Sheffield Wednesday	38	10	12	16	34	51	42
Luton Town	38	10	11	17	42	52	41
Aston Villa	38	9	13	16	45	56	40
Middlesbrough	38	9	12	17	44	61	39
West Ham United	38	10	8	20	37	62	38
Newcastle United	38	7	10	21	32	63	31

1989-90 SEASON
FIRST DIVISION

Liverpool	38	23	10	5	78	37	79
Aston Villa	38	21	7	10	57	38	70
Tottenham Hotspur	38	19	6	13	59	47	63
Arsenal	38	18	8	12	54	38	62
Chelsea	38	16	12	10	58	50	60
Everton	38	17	8	13	51	33	59
Southampton	38	15	10	13	71	63	55
Wimbledon	38	13	16	9	47	40	55
Nottingham Forest	38	15	9	14	55	47	54
Norwich City	38	13	14	11	44	42	53
QPR	38	13	11	14	45	44	50
Coventry City	38	14	7	17	39	59	49
Manchester United	38	13	9	16	46	47	48
Manchester City	38	12	12	14	43	52	48
Crystal Palace	38	13	9	16	42	66	48
Derby County	38	13	7	18	43	40	46
Luton Town	38	10	13	15	43	57	43
Sheffield Wednesday	38	11	10	17	35	51	43
Charlton Athletic	38	7	9	22	31	57	30
Millwall	38	5	11	22	39	65	26

1990-91 SEASON
FIRST DIVISION
Arsenal	38	24	13	1	74	18	83
Liverpool	**38**	**23**	**7**	**8**	**77**	**40**	**76**
Crystal Palace	38	20	9	9	50	41	69
Leeds United	38	19	7	12	65	47	64
Manchester City	38	17	11	10	64	53	62
Manchester United	38	16	12	10	58	45	59
Wimbledon	38	14	14	10	53	46	56
Nottingham Forest	38	14	12	12	65	50	54
Everton	38	13	12	13	50	46	51
Tottenham	38	11	16	11	51	50	49
Chelsea	38	13	10	15	58	69	49
QPR	38	12	10	16	44	53	46
Sheffield United	38	13	7	18	36	55	46
Southampton	38	12	9	17	58	69	45
Norwich City	38	13	6	19	41	64	45
Coventry City	38	11	11	16	42	49	44
Aston Villa	38	9	14	15	46	58	41
Luton Town	38	10	7	21	42	61	37
Sunderland	38	8	10	20	38	60	34
Derby County	38	5	9	24	37	75	24

Arsenal 2 points deducted
Manchester United 1 point deducted

1991-92 SEASON
FIRST DIVISION
Leeds United	42	22	16	4	74	37	82
Manchester United	42	21	15	6	63	33	78
Sheffield Wednesday	42	21	12	9	62	49	75
Arsenal	42	19	15	8	81	46	72
Manchester City	42	20	10	12	61	48	70
Liverpool	**42**	**16**	**16**	**10**	**47**	**40**	**64**
Aston Villa	42	17	9	16	48	44	60
Nottingham Forest	42	16	11	15	60	58	59
Sheffield United	42	16	9	17	65	63	57
Crystal Palace	42	14	15	13	53	61	57
QPR	42	12	18	12	48	47	54
Everton	42	13	14	15	52	51	53
Wimbledon	42	13	14	15	53	53	53
Chelsea	42	13	14	15	50	60	53
Tottenham	42	15	7	20	58	63	52
Southampton	42	14	10	18	39	55	52
Oldham Athletic	42	14	9	19	63	67	51
Norwich City	42	11	12	19	47	63	45
Coventry City	42	11	11	20	35	44	44
Luton Town	42	10	12	20	38	71	42
Notts County	42	10	10	22	40	62	40
West Ham United	42	9	11	22	37	59	38

1992-93 SEASON
PREMIER DIVISION
Manchester United	42	24	12	6	67	31	84
Aston Villa	42	21	11	10	57	40	74
Norwich City	42	21	9	12	61	65	72
Blackburn Rovers	42	20	11	11	68	46	71
QPR	42	17	12	13	63	55	63
Liverpool	**42**	**16**	**11**	**15**	**62**	**55**	**59**
Sheffield Wednesday	42	15	14	13	55	51	59
Tottenham	42	16	11	15	60	66	59
Manchester City	42	15	12	15	56	51	57
Arsenal	42	15	11	16	40	38	56
Chelsea	42	14	14	14	51	54	56
Wimbledon	42	14	12	16	56	55	54
Everton	42	15	8	19	53	55	53
Sheffield United	42	14	10	18	54	53	52
Coventry City	42	13	13	16	52	57	52
Ipswich Town	42	12	16	14	50	55	52
Leeds United	42	12	15	15	57	62	51
Southampton	42	13	11	18	54	61	50
Oldham Athletic	42	13	10	19	63	74	49
Crystal Palace	42	11	16	15	48	61	49
Middlesbrough	42	11	11	20	54	75	44
Nottingham Forest	42	10	10	22	41	62	40

1993-94 SEASON
F.A. PREMIERSHIP
Manchester United	42	27	11	4	80	38	92
Blackburn Rovers	42	25	9	8	63	36	84
Newcastle United	42	23	8	11	82	41	77
Arsenal	42	18	17	7	53	28	71
Leeds United	42	18	16	8	65	39	70
Wimbledon	42	18	11	13	56	53	65
Sheffield Wednesday	42	16	16	10	76	54	64
Liverpool	**42**	**17**	**9**	**16**	**59**	**55**	**60**
QPR	42	16	12	14	62	64	60
Aston Villa	42	15	12	15	46	50	57
Coventry City	42	14	14	14	43	45	56
Norwich City	42	12	17	13	65	61	53
West Ham United	42	13	13	16	47	58	52
Chelsea	42	13	12	17	49	53	51
Tottenham Hotspur	42	11	12	19	54	59	45
Manchester City	42	9	18	15	38	49	45
Everton	42	12	8	22	42	63	44
Southampton	42	12	7	23	49	66	43
Ipswich Town	42	9	16	17	35	58	43
Sheffield United	42	8	18	16	42	60	42
Oldham Athletic	42	9	13	20	42	68	40
Swindon Town	42	5	15	22	47	100	30

1994-95 SEASON
F.A. PREMIERSHIP
Blackburn Rovers	42	27	8	7	80	39	89
Manchester United	42	26	10	6	77	28	88
Nottingham Forest	42	22	11	9	72	43	77
Liverpool	**42**	**21**	**11**	**10**	**65**	**37**	**74**
Leeds United	42	20	13	9	59	38	63
Newcastle United	42	20	12	10	67	47	72
Tottenham Hotspur	42	16	14	12	66	58	62
QPR	42	17	9	16	61	59	60
Wimbledon	42	15	11	16	48	65	56
Southampton	42	12	18	12	61	63	54
Chelsea	42	13	15	14	50	55	54
Arsenal	42	13	12	17	52	49	51
Sheffield Wednesday	42	13	12	17	49	57	51
West Ham United	42	13	11	18	44	48	50
Everton	42	11	17	14	44	51	50
Coventry City	42	12	14	16	44	62	50
Manchester City	42	12	13	17	53	64	49
Aston Villa	42	11	15	16	51	56	48
Crystal Palace	42	11	12	19	34	49	45
Norwich City	42	10	13	19	37	54	43
Leicester City	42	6	11	25	45	80	29
Ipswich Town	42	7	6	29	36	93	27

72